CULTURA DE EXCELÊNCIA

DAVID COHEN

CULTURA DE EXCELÊNCIA

PRIMEIRA PESSOA

Agradecimentos

A ideia deste livro surgiu da nossa vontade de disseminar pelo Brasil uma cultura de excelência e transformação, acreditando em seu potencial de contaminar a todos os que não têm medo de sonhar grande.

Agradecemos a cada um que, de alguma forma, ajudou a construir a trajetória da Fundação Estudar, impulsionou as histórias aqui retratadas e as que infelizmente tivemos que deixar de fora.

Um agradecimento especial a Cecília Araújo – idealizadora deste livro sem a qual não teria sido possível lançá-lo – e a todos aqueles que participaram deste projeto, dispostos a compartilhar suas experiências e ajudar mais gente a se preparar para colocar seus sonhos em prática.

A cada integrante do nosso time e Conselho, cada membro de nossa comunidade que se engaja nas nossas atividades, cada parceiro que nos apoia, cada jovem que participa de nossos programas, conhece nosso conteúdo e nele se inspira: nosso muito obrigado!

São vocês que nos possibilitam chegar mais perto da nossa missão de transformar o Brasil, apoiando o jovem em sua busca por uma educação de qualidade e em suas decisões para que trilhe uma carreira de sucesso e impacto. Graças a vocês, olhamos para o futuro e para nossos próximos objetivos com confiança em nossa capacidade de fazer sempre mais e melhor.

Time Fundação Estudar

edição: Alice Dias

revisão: Flávia Midori e Luis Américo Costa

diagramação: Valéria Teixeira

idealização da capa: Marcos Torres

foto de quarta capa: Fabiano Accorsi (da esquerda para a direita, sentados na frente: Jorge Paulo Lemann, Ana Gabriela Pessoa e Marcelo Barbosa; sentados atrás: Beto Sicupira, Luiz Fernando Souza e Marcel Telles; em pé: Júlia Evangelista, Renato Mazzola, Henrique Dubugras, Pedro Franceschi, Mateus Bandeira, Wellington Vitorino, André Peixoto e Kawoana Vianna)

impressão e acabamento: Geográfica e Editora Ltda.

CIP-BRASIL. CATALOGAÇÃO NA PUBLICAÇÃO
SINDICATO NACIONAL DOS EDITORES DE LIVROS, RJ

C759c Cohen, David
Cultura de excelência / David Cohen; Rio de Janeiro: Primeira Pessoa, 2017.
208 p.; 16 x 23 cm

Inclui bibliografia
ISBN: 978-85-68377-12-3

1. Empreendedorismo – Estudo de casos. 2. Sucesso nos negócios – Estudo de casos. I. Título.

17-39695 CDD: 658.11098151
CDU: 658.016.1

GMT Editores Ltda.
Rua Voluntários da Pátria, 45 – Gr. 1.404 – Botafogo
22270-000 – Rio de Janeiro – RJ
Tel.: (21) 2538-4100 – Fax: (21) 2286-9244
E-mail: atendimento@sextante.com.br
www.sextante.com.br

Sumário

PREFÁCIO

Por Jorge Paulo Lemann

"Foi a cultura que levou nossos negócios a ter sucesso.
Ela pode ajudar o Brasil, também."

Há mais de 40 anos, pouco tempo depois de ter criado o Banco Garantia, percebi que nosso maior ativo era ter pessoas muito boas trabalhando juntas. Não era uma fórmula original. Como quase todos os princípios da nossa cultura empresarial, ela veio do que observamos em outros lugares e adaptamos para a nossa realidade. O que faz a diferença para nós, talvez, é que a aplicamos com mais zelo, mais persistência. Quando o Garantia ainda era um banco pequeno, mais umas 30 pessoas, nós já entrevistávamos mais de mil candidatos por ano para escolher os melhores possíveis. Foi assim que entraram no banco talentos como Marcel Telles e Beto Sicupira, meus sócios até hoje, além de Claudio Haddad, Armínio Fraga, André Lara Resende e tantos outros.

Essa mesma prática, de buscar pessoas muito boas, treiná-las, motivá-las e criar com elas um sonho grande, foi aplicada a tudo o que construímos depois: Lojas Americanas; Brahma, depois Ambev e AB Inbev; Burger King; Kraft Heinz...

Não quero dizer com isso que descobrimos a fórmula do sucesso. Só que este é um jeito de fazer as coisas que tem dado muito certo para nós: juntar gente boa, sonhar grande, praticar a meritocracia, buscar melhorar sempre, trabalhar duro, ter ética... Essa cultura nos ajudou muito nos negócios, é algo em que acreditamos e por isso gostamos de disseminar – não só nos nossos negócios, mas também no Brasil.

Com esse espírito, em 1991 nós criamos a Fundação Estudar, para atrair pessoas talentosas e inspirá-las a crescer. Podiam ser pessoas bem diferentes, pois sempre procuramos selecionar quem pareça ter boas condições de contribuir de forma construtiva para o Brasil – nunca demos atenção a posição política, cor, gênero ou origem social.

Quando jovem, eu tive uma boa experiência nos Estados Unidos. Estudar em Harvard abriu a minha mente, me ensinou a ter disciplina e foco. Ao conviver com tanta gente excelente, sempre preocupada em melhorar, meus sonhos também ficaram maiores. E desenvolvi uma sensibilidade mais aguçada para distinguir as pessoas excepcionais – porque conheci várias. Lá tive contato com a cultura do banco de investimentos Goldman Sachs, que me converteu ao modelo da meritocracia e de tornar as pessoas sócias do negócio.

Essa experiência me convenceu de que os brasileiros podem se beneficiar muito de estudar fora, especialmente nos Estados Unidos, que tem uma sociedade bastante pragmática e eficiente. Por isso, inicialmente, o principal objetivo da Fundação Estudar era conceder bolsas para que brasileiros pudessem fazer cursos lá.

Eu já havia dado dezenas de bolsas antes, mas não tinha um sistema, não tinha controle nem acompanhamento dos resultados. Dava bolsas para tenistas disputarem torneios, para alunos cursarem medicina, psicologia, qualquer coisa. Quando o Marcel e o Beto se juntaram a mim para criar a Fundação Estudar, decidimos que aquele esforço tinha de ser mais organizado, com objetivos mais claros e maneiras concretas de medir os resultados – assim como fazemos em nossas empresas. Então resolvemos nos concentrar em pessoas que quisessem fazer cursos ligados à área de negócios, um campo que tínhamos mais competência para avaliar.

Aos poucos, o processo de seleção foi tomando forma. Concluímos que o número médio de bolsistas deveria ser de 30 por ano, para manter a qualidade e o prestígio de fazer parte do grupo. Mais tarde, decidimos ampliar o escopo para apoiar estudantes de outras áreas, especialmente gestão pública e educação. E expandimos nossas ações: cada um de nós criou a própria fundação.

Mais recentemente, a partir de 2011, percebemos que a comunidade que havíamos construído, de cerca de 500 bolsistas, era forte, mas muito pequena para um país grande como o Brasil. Então incentivamos a Fundação Estudar a difundir ainda mais seus exemplos e sua cultura. É isso que tem acontecido, com os programas de preparação para estudar fora e os cursos de formação de líderes. Nossa esperança é atingir milhões de jovens, torná-los conscientes de que existe um mundo eficiente, produtivo, construtivo, em que as diferenças ajudam a multiplicar em vez de dividir. Esperamos que eles apreendam o suficiente para melhorar de vida e para reproduzir esses valores em outros lugares.

Já temos muitos exemplos de pessoas que fazem coisas excepcionais. Algumas dentro das nossas empresas, muitas fora. Não é algo tão mensurável, não é matemático. Mas é nisso que acreditamos. E estamos aí, estamos empurrando, fazendo força, achando que tem mais gente acreditando nessa cultura, acreditando que o grupo todo vai se ajudar... e algumas dessas pessoas vão tornar o Brasil muito melhor.

Por Marcel Telles

"Gente excepcional, que luta para realizar seu próprio sonho, é o que leva o país para a frente."

Se alguém me perguntar qual o maior mérito de Jorge Paulo Lemann como empresário, eu digo: é que suas ideias se tornaram triviais. Quando começamos o nosso negócio, as práticas de remuneração variável, a oferta de sociedade a quem se destaca, a implantação de ambientes de trabalho sem paredes para facilitar o contato direto e a meritocracia eram colossalmente revolucionárias. Mas mostraram-se tão acertadas que foram adotadas por inúmeros segmentos da sociedade. É claro que ainda as seguimos com mais ênfase do que todo mundo, mas as pessoas não se chocam mais com essas ideias. Em grande parte, essa cultura foi absorvida no Brasil por causa do sucesso que tivemos no Banco Garantia, nas Lojas Americanas, na Brahma. Somos convictos das nossas práticas e sempre achamos que elas também podem ajudar a melhorar o Brasil.

Um dia, no comecinho da década de 1990, estávamos os três, Jorge Paulo, Beto e eu, andando na pista do Aeroporto Santos Dumont, no Rio de Janeiro. Íamos pegar um avião para visitar lojas pelo Brasil e no caminho falávamos que queríamos fazer algo que tivesse impacto, talvez investir em educação. Jorge já dava bolsas de estudos, mas fazia isso de forma individual e desorganizada. Então decidimos, ali mesmo, que realizaríamos alguma coisa juntos.

Foi assim que nasceu a Fundação Estudar. O objetivo era simples: fornecer recursos para jovens que quisessem cursar um programa de MBA nos Estados Unidos. Nossa ideia era formar gente bem preparada para criar ou tocar empresas, de forma a melhorar o ambiente de negócios no Brasil e gerar mais oportunidades para todo mundo.

O grande desafio era – e ainda é – escolher as pessoas certas. Depois de checar as competências básicas (capacidade, ética, caráter, etc.), eu me concentro em duas coisas: ver se os olhos da pessoa brilham quando fala dos próprios planos e sentir se ela tem a faca nos dentes para correr atrás do seu sonho. O brilho nos olhos é a vontade, o desejo vivo e intenso. Sonho é muito bacana, mas, se não tiver uma motivação forte para sustentá-lo, dificilmente vai se tornar realidade. A faca nos dentes é a resiliência – a gente tem de sentir que, quando aquela pessoa cair, vai se levantar. E, além disso, claro, a gente tenta avaliar se aquele sonho, ou aquela pessoa, pode ter um grande impacto na sociedade.

No início achávamos que esse impacto tinha de vir primordialmente na área de negócios. Mas, lá pelo final da década de 1990, começou uma tendência, até um pouco contra a minha vontade, de abrir oportunidades em outras áreas. Aos poucos as pessoas me mostraram as vantagens disso e eu fui me convencendo de que deveríamos apostar em outras carreiras para alavancar o Brasil.

O primeiro setor para o qual abrimos oportunidades de bolsas foi a gestão pública, porque o governo tem um alcance muito maior do que qualquer empresa e o potencial de impacto de gente bem preparada nessa área é, portanto, muito maior. Também vemos com bons olhos qualquer esforço para melhorar a educação. Então, desde 2014, não excluímos nenhuma área de estudos para concorrer às bolsas. Embora demos preferência aos setores em que temos alguma *expertise* para julgar o impacto potencial dos candidatos, acreditamos que, com o tempo, a multiplicidade da nossa rede nos permitirá agir em outras áreas.

Esse movimento de abertura foi um dos modos de evitar dar bolsas ao que eu chamava de "mais dos mesmos": candidatos com características muito parecidas com as de bolsistas anteriores. Um segundo modo foi abrir mais os olhos para pessoas de perfis diferenciados. Eu acho uma bobagem imensa acreditar que o talento está concentrado nos jovens de uma única classe social. Então comecei a reclamar muito – e, normalmente, quando eu falo, também faço. Por isso criei o Ismart, instituto que dá bolsas de estudos a jovens talentosos da rede pública. Minha visão do Ismart sempre foi a seguinte: pegar um jovem pobre, que tenha muito talento e seja muito esforçado, e dar a ele a chance de um dia bater à porta da Fundação Estudar. Ao mesmo tempo, a Estudar começou a oferecer mais bolsas para cursos de graduação, que têm candidatos mais jovens. Aos poucos, deparamos com mais histórias de gente de outras classes sociais, de outras regiões, com experiências completamente distintas.

Hoje em dia já não é mais tão raro ver brasileiros indo estudar no exterior. As pessoas têm muito mais informação, mais ofertas de bolsas. E isso fez a Fundação Estudar mudar, também. Vemos muito mais gente interessada em participar dos nossos projetos, não tanto pelo dinheiro, mas pelo selo de qualidade, pela rede de contatos, pelas palestras e cursos, pela chance de interagir com gente talentosa. Pela cultura.

Para mim, esse pessoal tem um potencial muito grande de virar referência não só em suas áreas, mas para toda a sociedade. Uma medida de sucesso para a Fundação Estudar é produzir exemplos inspiradores – aquele tipo de pessoas que às vezes alguém lhe aponta num restaurante ou numa festa e diz, com admiração: "Está vendo aquela moça? Ela fez isso e aquilo outro."

É claro que tem muita gente fazendo coisas extraordinárias no Brasil, vejo isso o tempo inteiro, em todos os cantos. Estamos só dando uma ajudinha. E estamos ampliando essa ajuda com programas de liderança por todo o país, para uma rede muito mais ampla, a fim de disseminar os mesmos valores.

O propósito da Fundação Estudar é, basicamente, atrair jovens excepcionais que tenham interesse em realizar algo grande na vida. Nem precisa ser tão grande agora, mas tem que continuar, crescer. Essas pessoas, ao subir um degrau, já pensam no degrau seguinte. Muitos candidatos aparecem com um discurso ensaiado, dizendo que querem fazer o melhor para o Brasil. Eu quero é que eles sejam muito bons e façam alguma coisa muito boa para eles mesmos. O esforço de melhorar a própria vida, de correr atrás do próprio sonho, de realizar o próprio desejo... é isso que empurra o país para a frente.

Por Beto Sicupira

"Se você quer garantir seu lugar, nosso sistema é muito desconfortável. Mas, se quer construir algo grande, é o modo mais eficiente."

Nosso jeito de operar é muito simples. Pode ser resumido em uma única frase: descobrir pessoas que tenham capacidade de fazer mais do que estão fazendo e impulsioná-las. Essa é a estratégia de perenidade das nossas empresas, porque acreditamos que as circunstâncias mudam, os mercados se tornam mais competitivos e, para se manter no topo, é preciso ter gente cada vez mais capaz. Nós só conhecemos um jeito de conseguir isso: contratando pessoas melhores do que você mesmo – e estabelecendo um ambiente de meritocracia, para garantir que os mais talentosos cheguem aos cargos de comando.

Na teoria, quase todo mundo concorda com essa lógica. Mas, na hora de implementar, não é bem isso que acontece... Porque a primeira consequência de contratar gente melhor do que você é que o seu lugar passa a não estar garantido. Se o seu desejo é manter sua posição, se dedicar sempre à mesma atividade, ter a tranquilidade de fazer as coisas da sua maneira sem que ninguém venha torrar a sua paciência, nosso sistema é extremamente desconfortável.

Agora, se você tem um sonho grande, se quer construir algo que dure e esteja sempre melhorando, então o sistema é muito eficiente. Esta foi a nossa escolha: fazemos as coisas não para ganhar dinheiro, e sim para construir algo que dure. O dinheiro é um subproduto do processo de construir algo grande, e possibilita fazer ainda mais. O verdadeiro desafio é criar algo que funcione sozinho. Este é o conceito-chave do nosso método: um negócio de sucesso é aquele que você não precisa estar lá para que ele funcione e prospere. Para atingir esse estágio, deve haver outros sistemas, mas o nosso é o único que conhecemos.

Então é natural que, quando criamos a Fundação Estudar, tenhamos adotado esse mesmo conceito. Com uma pequena diferença: nas nossas empresas ele é base de uma estratégia de crescimento; na fundação, ele se tornou uma missão social: descobrir pessoas talentosas e ajudá-las a ter um impacto ainda maior no país. Nosso sonho, desde o início, era que essas pessoas ajudassem a transformar o Brasil.

Também nos preocupamos em atrair talentos que se tornem exemplos de sucesso. Quanto mais exemplos temos, mais conseguimos disseminar a importância da dedicação ao estudo, da vontade de trabalhar e do senso ético apurado para chegar a resultados positivos duradouros.

Não se trata de buscar exemplos extraordinários para servir de referência. Precisamos de vários exemplos intermediários. Não adianta dizer para o jovem que ele pode ser o Roberto Marinho; a pessoa duvida, fica desestimulada. Você tem que mostrar o sucesso que a pessoa acredita que pode alcançar.

O Brasil tem uma enorme carência de talentos, principalmente por causa da educação básica deficiente da população. Há alguns anos comecei a enfatizar que o governo possui o mesmo problema, que o país deveria ter uma quantidade maior de jovens bem formados na administração pública. Acredito que o setor público é o que tem mais poder de transformação, porque suas ações atingem muito mais gente, de forma até mais direta. A lógica é a mesma: se você colocar gente boa numa companhia, vai melhorar a companhia; se colocar mais gente boa no setor público, vai transformar o país.

É só olhar esse pessoal que conduz a Lava Jato: a maioria foi estudar no exterior, bancada pelo governo. Não sei quanto a Fundação Estudar contribuiu para esse cenário, mas nós fomos pioneiros na crença de que estudar nos melhores centros de ensino potencializa o talento. Acho que ajudamos a estabelecer essa prática. Mas, quando se considera o tamanho da população, o Brasil ainda manda pouca gente para estudar fora, em relação a outros países.

O que começou a me preocupar na Fundação Estudar, de uns anos para cá, foi o impacto que estávamos tendo. Àquela altura, nossa rede de bolsistas já era forte, com muitos casos bem-sucedidos. Mas 500 pessoas, num universo de 206 milhões, é um número irrisório. Jamais gostei de participar de ações de impacto nulo. Se não é para fazer diferença, prefiro cuidar das minhas coisas.

Manifestei abertamente esse desconforto em 2010, na reunião anual da Fundação Estudar. Tínhamos um grupo de altíssimo nível, um processo excelente e uma rede de relacionamentos muito forte – e produtos classe A são sempre difíceis de expandir. Mas quando você tem um produto de alta qualidade, uma gestão de alta qualidade, um conteúdo de alta qualidade, é sua obrigação estender isso para o maior número de pessoas possível. Eu achava que tínhamos conteúdo, material, talento e metodologia suficientes para alcançar 100 vezes mais gente do que estávamos alcançando. Hoje conseguimos impactar milhões de pessoas, das mais variadas formas. É claro que esse impacto não é tão intenso quanto era para aqueles 500 bolsistas, mas o alcance é extraordinariamente maior.

A Fundação Estudar oferece principalmente um pacote de valores – importância do trabalho duro, ética, meritocracia, ter espírito de dono, querer fazer coisas grandes... Em segundo lugar, vem o *networking*. Na fundação você consegue ampliar a sua rede de relacionamentos num grau muito maior do que fora dela.

Nós não achamos que temos o monopólio das pessoas talentosas no Brasil. Até gostaríamos de ter, mas não temos. O que diferencia as pessoas que fazem parte da fundação é que elas carregam um selo de gente disposta a ralar, que quer fazer as coisas da forma correta, que tem a ambição de construir algo transformador. São pessoas que têm gana de realizar. E a Fundação Estudar está aí para ajudar.

Introdução

"Se você fosse presidente do Brasil, qual a primeira coisa que faria?"
"Fale de dois amigos e um desapontamento."
"O que você vai estar fazendo daqui a 10 anos?"

Essas eram as típicas perguntas que cinco jovens tinham que responder durante a entrevista, que acontecia numa sala ampla e acarpetada, com grandes janelas, no bairro dos Jardins, em São Paulo. À sua frente sentavam-se os quatro interrogadores, profissionais que haviam estado em sua posição alguns anos antes. Na lateral da sala estava a equipe que organizou o encontro. Estávamos em maio de 2015 na sede do banco BTG Pactual e aquele era o início da fase presencial do longo processo de seleção de bolsistas da Fundação Estudar.

Um mês antes, eu havia sido chamado para escrever um livro sobre a Estudar, em comemoração aos seus 25 anos. Não era para ser apenas um livro institucional. A ideia era escrever sobre seus valores, com base nas histórias de sucesso de pessoas ligadas à fundação.

Como jornalista que dedicou boa parte de sua carreira à área de negócios, a instituição não me era desconhecida. Pouco tempo antes, a revista que eu dirigia havia publicado uma reportagem de capa sobre os planos de Jorge Paulo Lemann de impactar milhões de pessoas no país – em grande parte calcados na disseminação dos valores da Fundação Estudar entre os jovens brasileiros. Mesmo assim, aquele era para mim o primeiro contato ao vivo com uma cultura... *fascinante*, como diria o vulcano Spock, do seriado *Jornada nas Estrelas*.

Entrevistei 40 bolsistas e tive outras dezenas de conversas com funcionários, membros do conselho, candidatos a bolsa e participantes dos variados programas oferecidos pela Estudar, além de seus três criadores. Minha tarefa era coletar seus testemunhos e ajudá-los a organizar a mensagem que desejavam transmitir – para disseminar a cultura peculiar da Fundação Estudar. O livro que você tem agora em mãos é o resultado desse trabalho.

A Fundação Estudar nasceu em 1991, com o intuito básico de apoiar jovens talentosos que quisessem fazer cursos de negócios no exterior. A motivação era ajudar o Brasil, melhorando a qualidade de seus executivos e empreendedores. A seleção dos candidatos era feita com base em critérios da cultura que Jorge Paulo Lemann imprimira no Banco Garantia. Procurava-se gente que se identificasse com valores como meritocracia, busca da excelência, senso ético, transparência, trabalho duro e em equipe, metas ousadas.

Um quarto de século depois, essa base permanecia intacta. "Nosso papel aqui é pegar os melhores entre os excelentes", afirmou um dos entrevistadores naquele processo de seleção de bolsistas.

Em cima dessa base, porém, a Fundação Estudar construiu uma cultura própria. Numa empresa, a cultura é transmitida principalmente de forma tácita, pelas escolhas e pelos exemplos do dia a dia. Sem contar com essa vivência, a Estudar foi obrigada a explicitar valores e extrair a essência de suas crenças, para torná-las aplicáveis na mais ampla gama possível de situações e ambientes.

Com o passar do tempo e o aumento do número de bolsistas, a Fundação Estudar criou a própria massa crítica e sua missão foi se transformando: o apoio aos jovens se expandiu para cursos de graduação, depois para outras áreas além dos negócios, a seguir para outros programas além da bolsa – como cursos de liderança, facilitação na escolha da carreira, vitrine para contratação por empresas e até um curso de autoconhecimento.

Essa transformação levou o impacto da Fundação Estudar a outra ordem de grandeza. As bolsas de estudos atingem cerca de 30 estudantes por ano (selecionados entre mais de 60 mil candidatos). Nos últimos quatro anos, os cursos de apoio à decisão e ao desenvolvimento de carreira já tiveram mais de 25 mil participantes, enquanto o conteúdo dos portais Na Prática e Estudar Fora chegou a mais de 15 milhões de pessoas.

O termo "fascinante" era usado por Spock quando a nave estelar *Enterprise* deparava com alguma cultura alienígena complexa e bem estabelecida. De certa forma, a cultura Estudar é uma espécie de alienígena para uma parcela significativa do Brasil: ao primado do jeitinho e do paternalismo, ela contrapõe a meritocracia e as metas; ao costume de se resignar, ela responde com o incentivo à ambição e à obstinação; ao receio de conflitos, ela opõe a competitividade; ao conservadorismo, a vontade de criar.

Não é uma cultura que serve para todo mundo, ou para todos os projetos que se tem na vida, porque demanda um nível de energia excepcional – nem todo mundo quer ser líder, nem todos se sentem confortáveis em ambientes competitivos. Mas é uma cultura que favorece o crescimento, e da qual o país pode se beneficiar muito.

Com sua rede de troca de estímulos e experiências, a Fundação Estudar funciona como uma espécie de catalisadora do processo interno que leva à ação. Outras influências podem ajudar ou atrapalhar nesse caminho, mas a rede dá sustentação, os exemplos inspiram, a lógica que costura os valores dá substância à crença no sucesso. A Fundação Estudar tem a convicção de que pode ajudar mais gente a encontrar um caminho original, de satisfação pessoal e impacto positivo para a sociedade. E este livro é uma das formas de alcançar esse objetivo.

Em síntese, a Fundação Estudar prega a excelência. A fórmula para atingi-la está baseada em seis valores:

- ter metas ambiciosas
- trabalhar duro
- unir-se a gente boa
- investir em conhecimento
- assumir o papel de protagonista em sua história
- almejar um impacto positivo na sociedade

Esses valores são o fio condutor do livro. Nas próximas páginas, eles são expostos por meio de histórias inspiradoras de gente ligada à rede da Fundação Estudar. Há pessoas extraordinárias. Mas há mais pessoas comuns que fazem coisas extraordinárias.

PARTE I

TER METAS AMBICIOSAS

A filosofia Estudar:

- Tudo começa com um propósito – encontrá-lo requer um esforço de reflexão e autoconhecimento.
- Esse propósito deve se traduzir em um objetivo de longo prazo (que implica o estabelecimento de metas, com prazos definidos e formas de medir sua realização). É o que se chama de “sonho grande”.
- As metas são as estacas que permitem avaliar se você está trilhando o caminho que planejou. Elas devem ser ousadas, mas não impossíveis.

"Aquele que tem um porquê para viver consegue suportar quase qualquer como."

Uma das mais famosas citações do filósofo alemão Friedrich Nietzsche, essa afirmação vale para os mártires, capazes de resistir a sacrifícios em nome de um ideal, mas pode ser adaptada para o espírito empreendedor: quem tem um porquê inventa um como. Quando se mira um fim, os meios se apresentam.

Pode parecer contrassenso, mas muitas vezes é mais eficiente pensar assim, de trás para a frente. Não à toa, grandes avanços da tecnologia foram obtidos por engenharia reversa, o processo de identificar algo que funciona e tentar entender como chegar lá.

Alguns estudos sobre o processo cognitivo também concluíram que, se você parte de perguntas não respondidas, aprende melhor – há especialistas que recomendam fazer a prova antes de começar a estudar a matéria: ao saber exatamente quais são as lacunas que você precisa preencher, sua atenção é focada e seu estudo é canalizado para os resultados.

A finalidade, o objetivo, dá sentido ao caminho. Esta é uma das máximas da cultura disseminada pela Fundação Estudar: trace sua meta, entenda o que é preciso para chegar lá e trabalhe.

CAPÍTULO ZERO

OS ANTECEDENTES

Os primeiros passos de Carlos Brito, o executivo mais bem-sucedido do Brasil

"Você é louco de querer voltar agora!"

Essa foi a reação do Dr. Carlos José de Brito quando seu filho lhe telefonou, dos Estados Unidos, para dizer que havia aceitado uma proposta de emprego no Brasil. Fazia sentido. Naquele ano de 1989, o Governo José Sarney lançara o Plano Verão, o quarto em quatro anos para tentar controlar uma inflação que andava pela casa dos 80% ao mês. A moeda tinha mudado de cruzeiro para cruzado e em seguida para cruzado novo. O congelamento de preços levara à falta de produtos nas prateleiras. E não é que o filho não tivesse alternativa: ele estava rejeitando cinco ofertas de emprego no exterior, em multinacionais e empresas de consultoria.

"O país está passando por um período difícil, é melhor você ficar aí por uns dois ou três anos", disse Carlos Brito, o pai, médico especialista em cirurgia vascular e angiologia no Rio de Janeiro. Mas Carlos Brito, o filho, engenheiro mecânico que acabara de cursar um MBA (programa de mestrado na área de negócios) na Universidade Stanford, já tinha tomado sua decisão. Considerou irrecusável a proposta do Banco Garantia, com um salário de apenas um quinto do valor de sua melhor oferta, da consultoria McKinsey. "Tem uma perspectiva melhor", disse ele ao pai. "Tem bônus."

Um quarto de século depois, a previsão de Brito, o filho, se mostrou acertada. Muito acertada. É claro que não há meios de saber como teria sido sua carreira se ele tivesse virado consultor, mas Brito acabou se tornando o executivo-chefe da Ambev, que se converteria na mais valiosa empresa brasileira de capital aberto, e desse posto saltou para a chefia da holding global, a AB InBev, com a missão de reduzir a menos da metade o endividamento da companhia, alavancada pela compra da Anheuser-Busch em 2008.

Com um programa agressivo de venda de ativos e corte de custos, Brito e sua equipe atingiram a meta dois anos antes do previsto – e tiveram uma remuneração compatível com o tamanho do desafio, em bônus e opções de compra de ações. Para se ter uma dimensão desse resultado, basta dizer que, não fosse a redução da dívida, não haveria capital para fazer a oferta de compra da rival SAB Miller, em 2015 – uma fusão avaliada em mais de US$ 100 bilhões, a terceira maior da história.

Em 2015, a revista de administração e negócios *Harvard Business Review* o apontou como o 16º melhor líder de empresa do mundo, levando em conta o desempenho da companhia durante toda a sua gestão.

Sob vários aspectos, Brito é o mais bem-sucedido seguidor da cultura dos fundadores do Garantia. Sua trajetória foi marcada pela adoção e difusão de vários dos princípios que Jorge Paulo Lemann, Marcel Telles e Beto Sicupira implantaram em seus negócios. E sua história, de certa forma, ajudou a moldar o estilo da difusão desses valores – tanto dentro quanto fora da Brahma, depois Ambev, que ele ajudou a transformar na companhia privada mais valiosa do Brasil.

A aproximação com Lemann aconteceu quase por acaso. Oriundo da classe média do Rio de Janeiro, Brito se formou em engenharia mecânica pela UFRJ em 1984 e começou a trabalhar no setor de logística da Shell. Lá, ouviu falar de "uma coisa chamada MBA", um programa pouquíssimo divulgado no Brasil naquela época. Dois de seus colegas iriam fazer o curso no ano seguinte, para melhorar suas perspectivas de carreira, e Brito se interessou.

Ele já havia morado fora do país, trabalhando na Mercedes Benz, na Alemanha. E pensou que adoraria repetir a experiência, dessa vez para estudar. Candidatou-se a três universidades: a Escola de Negócios Wharton, da Universidade da Pensilvânia, Harvard e a Universidade da Califórnia em Los Angeles (UCLA). Foi rejeitado por Harvard e aceito pelas outras duas. Estava inclinado a ir para Wharton, mas, por causa de seu salário de início de carreira e da cotação do dólar, precisaria de uma bolsa – e a que conseguiu obter, do Rotary Club, era destinada à UCLA.

Enquanto tentava transferir a bolsa para Wharton, seu amigo Carlos Benjamin Hadba, o Beja o convenceu a se candidatar ao MBA em Stanford, o mesmo que ele cursava. Naquele ano, 1987, Stanford havia sido eleita a melhor universidade dos Estados Unidos, e Brito acabou sendo o único brasileiro aceito para o curso. Mas tinha recebido a resposta apenas em junho, e as aulas começariam em setembro. Se mudar a bolsa da UCLA para Wharton já estava sendo complicado, iniciar outro processo de transferência seria impossível, informou o Rotary.

Foi então que Brito ouviu falar de outra bolsa. Ele conhecia duas pessoas que faziam MBA financiadas pelo Banco Garantia. Havia um obstáculo aparentemente intransponível: as bolsas eram para funcionários do banco, e ele trabalhava na Shell. Mas seus amigos disseram que o principal acionista, Jorge Paulo Lemann, se interessava muito por gente talentosa e por educação. Brito recorreu a seu amigo Beja: pediu que um de seus tios, dono de uma corretora, telefonasse para Lemann e contasse a história do rapaz que fora aceito em Stanford mas não tinha dinheiro para se bancar. A estratégia funcionou e Lemann concordou em recebê-lo.

“Eu fui lá nervoso, é claro”, lembra. Na época, Lemann não era conhecido como é hoje, como a pessoa mais rica do Brasil, com fortuna estimada em US$ 25 bilhões. Mas já era um ícone no mercado financeiro. Naquele primeiro encontro, Brito espantou-se com o tempo que o empresário lhe dedicou. Foi mais de uma hora de conversa. Ele estava vivenciando um dos principais valores da cultura Garantia – que depois reproduziria em sua própria carreira: atenção a gente. Mas não saiu confiante. Primeiro, porque avaliou que tinha falado “algumas besteiras”. Como o Garantia tinha acabado de comprar as Lojas Americanas, Brito tentou mostrar conhecimento, argumentando que fazia todo o sentido o banco de investimentos ter acesso a um fluxo de caixa constante de uma loja de varejo. Era mesmo uma bobagem, quase uma ofensa. Uma das regras básicas do grupo é que cada empresa tem de ser totalmente independente.

O segundo motivo de incerteza para Brito foi que Lemann se recusou a receber o currículo que ele havia preparado. Disse que não precisava, que a Shell era cliente do Garantia, que conhecia um pessoal lá e iria dar uma pesquisada, pensar e, em uma semana, telefonar para ele. Brito ainda perguntou se Lemann não queria saber pelo menos o nome do seu chefe, “afinal, a Shell é um pouco grande...”. Mas a resposta foi seca: “Se você está indo bem como disse que está, as pessoas vão saber quem você é.”

Por isso, Brito ficou surpreso quando recebeu o telefonema de Lemann. “Olha, Brito, eu fiz as minhas pesquisas, realmente parece que você está indo bem”, disse. “Eu pensei aqui e resolvi que, como você não tem nada a ver com o banco, o banco não pode lhe dar uma bolsa... mas eu posso. De quanto é que você precisa para o primeiro ano?”

Assim, Lemann arcou com todos os custos do primeiro dos dois anos de curso, incluindo moradia, livros, etc. No segundo ano Brito teria que se virar, mas metade do curso estava garantida. (Essa é outra das regras da cultura da Fundação Estudar: a ajuda nunca é total.)

Parecia bom demais para ser verdade, e Brito perguntou como poderia retribuir. Num protótipo do que depois se tornaria a regra para a concessão de bolsas da Fundação Estudar (por isso, até hoje, Brito é considerado o "bolsista número zero"), Lemann estabeleceu três condições. A primeira era que Brito o mantivesse informado sobre o curso: o que quer que visse de interessante, livros, artigos, observações de professores, etc., deveria compartilhar por carta. Essa era fácil. "Durante dois anos, eu escrevia para ele todo mês. Fazia um relato do que aprendia, das minhas notas, mandava algum artigo, falava sobre alguma palestra", conta Brito.

Lemann jamais escreveu uma resposta. Ele telefonava. Eram chamadas de dois, três minutos, para dizer que havia recebido a carta e comentar um ou outro artigo.

A segunda exigência era que, da mesma maneira que ele estava recebendo uma ajuda naquele momento, Brito deveria ajudar outras pessoas no futuro. (Essa continua sendo uma regra tácita na Fundação Estudar. Se você quiser deixar um membro do conselho bastante irritado, basta mencionar o fato de que alguns ex-bolsistas, mesmo depois de alcançar boas condições financeiras, se "esquecem" da dívida.) Brito cumpre essa exigência até hoje: é um dos patrocinadores da instituição.

A terceira condição era que, quando chegasse a hora de Brito escolher um trabalho, falasse com Lemann antes de tomar uma decisão. (Criada no ano seguinte, a Estudar foi concebida para ser totalmente independente do grupo, e essa condição nunca mais foi imposta.) Como se sabe, Brito cumpriu também essa exigência. O que o convenceu a aceitar a proposta de emprego – com salário tão abaixo das outras opções que tinha em mãos – foram as duas semanas de estágio que havia feito no Garantia antes de partir para seu MBA. Ali ele encontrou (e se identificou com) uma cultura muito diferente das que vira nas grandes empresas em que havia trabalhado: decisões rápidas, ambiente descontraído e sem paredes, livre acesso aos chefes, menosprezo pela burocracia. "Isso mudou minha cabeça", diz.

O outro lado da moeda de um ambiente mais estimulante era que as cobranças eram também mais agressivas. Brito teve que abandonar seus planos de tirar um mês de férias antes de voltar ao Brasil. O máximo que conseguiu foram quatro dias de folga: começou no banco na segunda-feira seguinte. Mas não chegou a ficar nem seis meses no Banco Garantia. Logo que entrou, Marcel Telles lhe disse que "tinha uma coisa para sair", que ainda não podia revelar o que era, mas que, se de fato acontecesse, estaria à frente do negócio e gostaria de levá-lo junto.

O negócio em questão era a compra da Brahma. Brito saiu do Banco Garantia para se tornar assistente financeiro na equipe que assumiria a gestão da cervejaria. O choque cultural foi imenso, com distribuição de metas e aposta em jovens inexperientes, porém cheios de vontade. Os resultados vieram rápido. Em pouco mais de um ano, o faturamento aumentou 7,5% e o lucro triplicou. A transformação valeu à Brahma, em 1991, o título de Empresa do Ano da revista *Exame*.

Como era de praxe, os editores da revista solicitaram a Marcel que posasse para a foto da capa. Ele recusou, frisando que, na cultura da empresa, todos os resultados deviam ser atribuídos à equipe. O impasse foi resolvido com uma foto em que Marcel aparecia ao lado de seis executivos, de diversos setores da companhia. Naquela reportagem, Brito contou sua história – e o que viria a ser o sistema de bolsas da Fundação Estudar tornou-se público antes mesmo de existir.

CAPÍTULO 1
COMECE PELO FIM

As batalhas do rapaz que não sabia atirar

"Quando eu pegava o rifle para atirar, pensava:
'Meu Deus, o que é que eu estou fazendo aqui?'"

Desde o segundo ano do ensino médio, no Colégio Militar de Belo Horizonte, Wilian Cortopassi se interessava por pesquisas médicas. O interesse começou no ano anterior, quando seu pai descobriu que estava com câncer. A rotina de internações do pai lhe provocou repulsa ao ambiente hospitalar, mas Wilian logo percebeu que a medicina não era o único caminho para combater a doença. Então, ainda na escola, se envolveu em um projeto da UFMG, em parceria com a Fiocruz de Belo Horizonte, que buscava possíveis tratamentos para a malária (ele queria pesquisar câncer, mas lhe explicaram que o caminho para chegar a novos remédios era similar para qualquer doença).

Esse propósito guiou toda a sua trajetória. Como os gastos com o tratamento do pai não permitiam que a família bancasse seus estudos, Wilian prestou vestibular para o Instituto Militar de Engenharia (IME) – se passasse, não precisaria pagar mensalidade e ainda receberia um soldo. Melhor que isso, teria um professor de química que desenvolvia pesquisas muito respeitadas na área da medicina. Não passou na primeira tentativa, mas ganhou bolsa em um curso preparatório em São José dos Campos. Em julho do ano seguinte, uma semana antes do vestibular, recebeu um telefonema da mãe: o pai havia falecido. A mensagem que lhe deixara era de que desejava que ele não interrompesse seus planos de ir para a faculdade.

Finalmente aprovado no IME, Wilian logo iniciou um projeto de química medicinal e ganhou uma bolsa de iniciação científica. Sua carreira de pesquisador começava. Mas ele não se adaptou à vida na caserna. "Eu não sabia atirar, nunca fiz barra na minha vida. E o tempo que eu gastava com atividades militares era um tempo que não usava para as pesquisas."

No segundo ano o desconforto aumentou. A vida acadêmica, no entanto, andava bem: havia participado de três congressos e ganhado prêmios de melhor apresentação em dois – da Sociedade Brasileira de Química e da Sociedade Regional de Química do Rio de Janeiro. Wilian estava se especializando no uso de química computacional para desenvolvimento de tratamentos contra a malária. Resolveu então pedir dispensa do Exército. Conhecia casos de alunos que conseguiram permissão para voltar à vida civil. Mas o general com quem falou não recebeu bem o pedido.

Em meio a essa crise, conheceu a Fundação Estudar, em uma palestra no próprio IME. "Talvez eles me ajudem a resolver essa situação", pensou. Tornar-se bolsista não foi fácil, mas fez uma grande diferença em sua vida. "Antes eu me queixava: 'Por que está dando tudo errado para mim?' Ao entrar na Fundação Estudar percebi que tudo dá errado para todo mundo em alguma fase da vida. A diferença entre quem se dá bem e quem não se dá bem é como a pessoa supera os momentos ruins."

Segundo Wilian, a mentoria que recebeu na Fundação Estudar foi fundamental para sua evolução. Os conselhos que lhe deram, diz ele, nunca apontavam para sair ou ficar no Exército. Eles apenas o convidavam à reflexão: "O que você quer para a sua vida? O que você está fazendo agora o ajudará a chegar aonde quer?" Wilian se convenceu de que estava no lugar errado. Sentia-se um estranho no ninho. Considerava a parte acadêmica excelente, mas não conseguia lidar com o lado militar. E os motivos iam se multiplicando: Wilian foi convidado para ser personagem de um documentário (*Romance de formação*, de Julia de Simone) e o IME impôs restrições à filmagem; foi chamado para fazer a abertura de um congresso em Foz do Iguaçu e seu pedido de folga foi negado.

"Não tinha mais como ficar lá na condição de militar", diz. No final de outubro de 2011, ele participou dos Desafios de Química, Matemática e Física da PUC-Rio. Ganhou medalha de bronze – e uma bolsa integral para uma faculdade que estava além das suas condições. Com a bolsa de iniciação científica e a bolsa da Fundação Estudar, era possível sair do IME. Graças à transferência de créditos, formou-se em química na PUC-Rio em dois anos e meio.

A pressa de Wilian em concluir o curso tinha um motivo. Como todos os passos que dera desde a escola, ele mudou de faculdade motivado por seu propósito. Seus passos eram pensados em relação ao fim que imaginava para si mesmo.

Havia um segundo motivo, ainda mais de acordo com seus objetivos. Wilian havia sido selecionado para um grupo de apenas 10 brasileiros que fariam um estágio de desenvolvimento de medicamentos no laboratório Glaxo Smith Kline, no Reino Unido. "Para mim aquilo era tudo!", lembra. "Lá as pesquisas aconteciam de forma muito dinâmica. Algumas técnicas que no Brasil demoram dois meses para serem realizadas, eu vi serem feitas em um dia." Ao final desse estágio, de um mês, o laboratório selecionou alguns alunos para entrar no curso de doutorado. Mas Wilian não foi bem na entrevista.

Foi um baque. "Eles perguntaram muitas coisas experimentais e minha formação era mais teórica. A culpa foi minha, eu estava despreparado." Wilian mandou mensagens para os entrevistadores, pedindo outra chance, mas não recebeu respostas. Então caiu a ficha:

se não dava para fazer o doutorado com ajuda da empresa, talvez desse para tentar direto na universidade. A partir dali, seu objetivo passou a ser estudar em Oxford.

"Eu vou fazendo as coisas. E os problemas que tiverem de aparecer, que apareçam", afirma Wilian. Ele não havia terminado a graduação na PUC-Rio, não tinha certificado de proficiência em inglês nem dinheiro para pagar o curso... mas foi aprovado, tanto em Oxford quanto na Universidade de Nottingham. Descobriu qual seria o foco das entrevistas por Skype e apresentou um currículo consistente de pesquisas. Só que a aprovação era condicional – dependia da apresentação dos certificados e, especialmente, da conclusão da graduação.

Faltavam 10 matérias para concluir a faculdade. Naquele semestre, Wilian tinha se inscrito em seis. O doutorado em Oxford começava em outubro – e em agosto ele teria de apresentar os certificados.

O primeiro problema era o dinheiro. As bolsas britânicas são distribuídas em janeiro, então não dava mais tempo para solicitá-las. Inscreveu-se para uma bolsa do programa Ciência sem Fronteiras, dada pelo governo brasileiro. Como sua fluência em inglês estava longe do nível mínimo exigido pela universidade, começou a ter aulas particulares e marcou uma prova para dali a dois meses. Se esses obstáculos eram difíceis, a falta do diploma parecia intransponível.

Mas, conforme a máxima de Nietzsche, Wilian tinha um porquê – e o como acabou se apresentando.

A solução foi sugerida por sua irmã Adriana, que na época estudava direito. Ela descobriu que, pela lei de diretrizes básicas da educação, a universidade poderia conceder o diploma a alguém que não tivesse cursado todas as matérias desde que fosse um "aluno extraordinário". As notas de Wilian estavam entre as 10% melhores dos cursos de ciências exatas, mas a definição de "aluno extraordinário" era abstrata. O caso chegou à reitoria, que decidiu aceitar o pedido com a condição de que ele passasse nas provas de cada disciplina que não cursaria.

"Tive uma semana para me preparar para as provas de quatro matérias que não tinha cursado", conta. "Foi bastante tenso. Nem todos os professores me apoiaram, alguns disseram que eu estava querendo correr demais, e isso me deixou muito aflito." No fim, deu certo: passou no exame de inglês, obteve o diploma da PUC-Rio e ganhou a bolsa do governo brasileiro. Em outubro de 2013, começou o doutorado em Oxford.

De lá para cá, as pesquisas de Wilian nunca deixaram de evoluir – no início de 2016, ele já contabilizava contribuições em 11 artigos publicados em revistas científicas. E hoje mergulha no trabalho em epigenética, que oferece uma nova fronteira para tratamentos de câncer. Seu estudo mais recente sobre o assunto, feito em colaboração com outros 20 pesquisadores, foi patenteado por um laboratório americano, o que indica que o início da fase de avaliações clínicas está próximo.

"Quando penso na minha trajetória, volto lá para a época da doença do meu pai", diz Wilian. "O que eu queria era que alguém falasse 'Este é o tipo de câncer do seu pai, está sendo causado por A ou B e, dadas essas causas, os tratamentos mais indicados são este e aquele' ou 'Não existe tratamento, mas as pesquisas estão sendo desenvolvidas nesses lugares e vão estar disponíveis em tantos anos.' Esse era meu sonho, essa sempre foi minha motivação."

CAPÍTULO 2
A BUSCA DE SENTIDO NO TRABALHO

A moça que quase morreu duas vezes

"Liga para a família dela, eu acho que não vai dar para salvá-la. A gente não tem muito o que fazer."

O médico da unidade de terapia intensiva do Hospital Albert Einstein disse exatamente essas palavras ao então namorado de Giuliana Lopes dos Reis. Naquele dia, 11 de novembro de 2012, Giuliana tinha buscado o namorado para almoçar nos Jardins, um dos bairros nobres de São Paulo. Os dois trabalhavam freneticamente no mercado financeiro e a hora do almoço era um dos poucos momentos que tinham para se ver. Ele percebeu logo que a namorada não estava bem. Toda vez que o carro passava por alguma saliência, o peito dela doía. No restaurante, ele fez uma piada. Ela riu – e isso lhe provocou uma expressão de dor tão intensa que o rapaz jogou uma nota na mesa e falou "Vamos embora para o hospital".

Menos de um mês antes, no aniversário de sua mãe, Giuliana tinha tropeçado e torcido o pé. Inchou tanto que o médico desconfiou de algum problema. Mandou que ela ficasse oito dias de repouso em casa, com o pé para cima. No dia seguinte, Giuliana estava no trabalho – com o pé para baixo. "Coisa de jovem. Eu achava que o banco não ia funcionar se eu não estivesse lá", conta. O pé acabou melhorando, mas logo vieram a dor no peito e a dificuldade de respirar. Eram sintomas de um coágulo pulmonar, que tinha subido pela corrente sanguínea.

"O pulmão está completamente comprometido, não dá para operar", disse o médico quando o namorado a levou ao hospital. "Podemos dar uma dose cavalar de anticoagulante, mas é provável que isso provoque uma hemorragia interna capaz de levá-la à morte." Para complicar, era necessário fazer uma tomografia, e descobriu-se da pior forma possível que Giuliana era alérgica ao iodo usado como contraste para o exame de imagem. Na própria sala do exame, ela teve um choque anafilático e apagou por vários segundos. "Eu quase morri duas vezes na mesma semana", lembra. "Minhas chances eram pequenas, mas os médicos agiram rápido e meu corpo reagiu bem. Tive muita sorte."

Como tanta gente que passa por experiências traumáticas, Giuliana resolveu mudar de vida. Decidiu tirar o ano de 2013 para refletir sobre o sentido do trabalho (especialmente um trabalho ao qual ela dedicava 12, às vezes 14 horas por dia), se preparar para estudar fora e se envolver com mais afinco no serviço voluntário que fazia (dava aulas aos sábados, para jovens carentes de 15 a 18 anos, sobre a importância de investir). "Não vou dizer que foi um ano superbom para mim, porque foi um período de muita incerteza, eu tinha medo", conta. "Mas ao mesmo tempo foi um ponto de inflexão."

Não é que antes disso Giuliana não tivesse um propósito. "Desde bem nova, quando a gente ainda morava em Ribeirão Preto, eu queria ser uma mulher de negócios", lembra. O pai tivera uma infância pobre em Palmital, também em São Paulo, e queria que ela estudasse direito – como ele –, acreditando que a carreira oferecia mais garantias de emprego. Ela resistiu. Como tinha acabado de voltar de um intercâmbio no Canadá, começou a dar aulas de inglês e pagou o cursinho pré-vestibular: desejava estudar administração no Insper. Seu objetivo era ganhar dinheiro, ter impacto na sociedade, gerar empregos e oportunidades. Quando terminou o curso, como boa parte dos colegas, entrou no mercado de investimentos. Pouco tempo depois, a doença repentina fez com que mudasse de rumo.

No final de seu ano sabático, tirado depois de apenas dois anos e meio de experiência profissional, Giuliana havia sido aceita no MBA da Universidade de Chicago. Tinha 23 anos, cinco a menos do que a idade média dos aprovados em MBA. "Minhas notas eram excelentes, eu era mulher, era estrangeira, fazia trabalho voluntário desde os 13 anos e tinha alguma experiência profissional. Acho que isso tudo ajudou", afirma. "Mas o que mais contou foi a nota muito alta no teste de lógica e as ótimas notas que eu tinha no Insper... e a entrevista com o Pedro."

No processo de seleção da Escola de Negócios da Universidade de Chicago, é comum que as entrevistas de estudantes estrangeiros sejam feitas por ex-alunos do MBA. No caso de Giuliana, o avaliador foi Pedro Faria, um dos sócios criadores do fundo de investimentos Tarpon. "Foi engraçado, porque ele tinha assumido o cargo de executivo-chefe da BRF fazia uma semana, estava em todos os jornais", lembra. "Aí, quando ele se apresentou, eu perguntei: 'Você é *o* Pedro Faria?"

"Não sei o que isso significa, mas sim, sou eu", respondeu ele. "Disseram que você quer roubar o meu emprego." Na redação de inscrição para o MBA, Giuliana escrevera que queria ser CEO de uma empresa brasileira multinacional do setor de bens de consumo. Ela deu risada e falou: "Pois é, eu quero!" Pedro então inverteu a entrevista. Falou que ela teria uma hora para perguntar o que quisesse para a pessoa que ela queria ser dali a alguns anos. (Com essa estratégia, ele poderia avaliar a qualidade das perguntas, algo mais revelador do que a precisão das respostas.)

As perguntas de Giuliana mostraram preparo e interesse: "Perguntei muito sobre como ele operava, a diferença entre ser investidor e ser executivo, sobre o negócio da BRF e o impacto que a companhia causava, sobre a difícil escolha entre criar empregos ou cortar empregos para aumentar a eficiência, sobre sua experiência no MBA... Foi provavelmente a conversa mais espetacular da minha vida."

No final da entrevista, Pedro perguntou se ela queria mesmo ir para Chicago – ou se preferia trabalhar com ele na BRF. Alguns dias depois, ela respondeu, por e-mail: "Pedro, segura esse pensamento de me contratar, por favor, mas eu vou para Chicago."

Com bolsa de 50% oferecida pela universidade, Giuliana foi bater à porta da Estudar atrás do restante. O dinheiro foi uma ajuda importante, mas, segundo ela, o mergulho na cultura da rede foi mais ainda. "Ali eu tive um impacto que vai orientar toda a minha vida, tenho certeza", conta. "Eu sempre quis ajudar os outros, por isso faço trabalho voluntário desde muito nova. Quando entrei na Fundação Estudar, percebi que nunca mais queria sentir necessidade de fazer trabalho voluntário. Quero que o meu trabalho principal tenha uma função social tão forte que eu não precise mais acordar às cinco da manhã aos sábados para dar aulas para crianças carentes. Não quero mais ajudar os outros quatro horas por semana. Quero fazer isso 14 horas por dia."

Quase todo trabalho bem-feito cumpre um papel social. Em geral, a criação de riqueza vem acompanhada da criação de oportunidades – para si mesmo e para os outros. Mas Giuliana decidiu que, dadas as suas competências, só poderia atuar em quatro setores: saúde, infraestrutura, alimentação ou educação. A BRF, um dos maiores conglomerados do mundo no ramo alimentício, se encaixava nessa lista. Em seu primeiro ano no MBA, ela fez um estágio na empresa – parte em São Paulo, parte em Dubai –, na área de planejamento estratégico. Hoje Giuliana trabalha no setor de desenvolvimento de negócios da companhia.

CAPÍTULO 3

O MAIOR RISCO É NÃO CORRER RISCOS

As escolhas de Hugo Barra, o brasileiro mais bem-sucedido no mundo da tecnologia

"Como assim, você vai se mudar para a China!?"

Essa foi a reação mais ouvida pelo mineiro Hugo Barra em setembro de 2013, quando anunciou que estava indo trabalhar na startup chinesa Xiaomi, uma fabricante de celulares e outros produtos de consumo eletrônicos então com apenas três anos de vida. Era uma reação até natural. Barra, possivelmente o brasileiro mais bem-sucedido do mundo no setor de tecnologia, morava em São Francisco, na Califórnia, e era um alto executivo do Google, uma das empresas mais valiosas do planeta. Como vice-presidente e porta-voz da divisão de Android, sua imagem ficou atrelada à expansão do sistema operacional mais disseminado em smartphones e tablets mundo afora. Foi incluído em listas de grandes líderes de negócios em publicações como a revista *Wired* e o site Business Insider, apontado como um dos "40 abaixo dos 40" anos pela revista *Fortune* e festejado como um dos brasileiros mais influentes pela revista *Época*.

De repente, estava trocando todo esse status e conforto por um cargo em uma empresa que, fora da China, era virtualmente desconhecida. Entre os poucos que a acompanhavam, a maioria ridicularizava sua ânsia de copiar a Apple, inclusive com seu fundador e CEO, Lei Jun, fazendo apresentações de produtos imitando Steve Jobs.

"Era uma mudança radical, as pessoas se assustaram", lembra. "Mas, engraçado, todo mundo com quem eu falei da Fundação Estudar naquela época teve uma reação oposta." Nessas conversas, a resposta era alguma variação de: "Uau! Puxa, Hugo, eu queria estar no seu lugar."

Essa reação diz muito sobre a Fundação Estudar. Formada por gente com propensão a assumir riscos e ousadia para buscar coisas novas, a fundação seleciona jovens também com essas características. Não se trata de aceitar qualquer risco nem de correr atrás de qualquer novidade, é claro. Mas o fato de buscar o movimento é valorizado. Por dois motivos. Primeiro, porque o risco é inerente à vida. Todo investimento, por definição, implica a possibilidade de erro e perda – e nós investimos o tempo todo, seja na carreira à qual dedicaremos esforços, no parceiro romântico com quem nos envolvemos, nas experiências em que decidimos mergulhar... Ficar parado não é fugir do risco, é transferir a responsabilidade da escolha e da ação para os outros, o que pode se tornar um risco ainda maior. (Como escreveu Platão, há quase dois milênios e meio: "O preço que os homens de bem pagam pela indiferença aos assuntos políticos é ser governados pelos maus.")

O segundo motivo é que, como disse Peter Thiel, cofundador do PayPal e da Palantir e um dos primeiros investidores do Facebook e do LinkedIn: "O pensamento brilhante é raro, mas a coragem é ainda mais rara do que a genialidade." E a coragem é uma característica que prevê com maior índice de acertos quem vai realizar algo extraordinário.

Pessoas que têm a ambição de causar impacto ou, nas já abusadas palavras de Steve Jobs, deixar uma marca no universo, sofrem de uma inquietude permanente. Essa comichão de buscar o novo, de pensar sempre no próximo passo, é um impulso não apenas para realizar algo, mas para realizar o máximo que o seu potencial permitir.

"Quando eu falava com alguém da Fundação Estudar, a pessoa entendia na hora por que eu fiz a troca", diz Barra. "A ideia é buscar o maior desafio que você pode assumir. Se você é apaixonado por desafios, se gosta de enfrentar situações cabeludas, é exatamente isso que você faz: se muda para a China, para uma empresa em que você é o único estrangeiro, mas uma empresa que tem um potencial fantástico, uma ambição global e uma probabilidade de sucesso impressionante."

A história pregressa de Barra já demonstrava essa inquietude. Mineiro de Belo Horizonte, ele foi estudar ciência da computação no Massachusetts Institute of Technology (MIT). No primeiro ano de faculdade, conheceu a Fundação Estudar e pediu uma bolsa, que ganhou para o ano seguinte, 1997. ("Foi um alívio", conta. "Não estava fácil arcar com os custos da universidade.")

Quando se formou, em 2000, Barra e alguns colegas abriram a LOBBY7, empresa de tecnologia especializada em software de reconhecimento de voz para smartphones. A startup foi comprada pela ScanSoft (que depois virou Nuance), onde ele continuou atuando como executivo durante cinco anos, até ser transferido para o Google. Passou três anos em Londres e outros três na Califórnia, em cargos cada vez mais altos. Foi um dos executivos com trajetória de promoção mais rápida da história do Google, indo de gerente de produtos a vice-presidente em pouco mais de quatro anos. Quando parecia estabelecido – talvez por isso mesmo –, aceitou a proposta da Xiaomi.

A aposta de se mudar para a China se pagou em pouco tempo. Em 2014, a Xiaomi se tornou a terceira maior produtora de celulares, atrás apenas da Samsung e da Apple. Naquele ano, após uma rodada de financiamentos que atraiu investidores como o barão da tecnologia russa Yuri Milner, a empresa passou a ser avaliada em US$ 46 bilhões, tornando-se a segunda startup mais valiosa do planeta (atrás apenas do Uber). Sob o comando de Barra, vice-presidente responsável pelos negócios globais da empresa, a Xiaomi expandiu suas operações para Índia, Indonésia e Brasil, e no início de 2016 revelou planos de conquistar mercados na África e entrar na briga nos Estados Unidos e na Europa.

A estratégia da Xiaomi incluía lançar toda semana uma versão aprimorada de seu sistema operacional (baseado no Android), muitas vezes incorporando sugestões dos consumidores. Todo esse dinamismo tinha seu custo: Barra cumpria jornadas de até 15 horas para dar conta de gerir equipes em praticamente todos os fusos horários. Até sair da Xiaomi, no início de 2017, acreditava que a expansão do Android, que "permitiu a popularização da internet e dos smartphones", era algo difícil de ser superado, mas que os planos da empresa incluíam "mudar a cara do mercado de telefonia celular, especialmente em países como o Brasil".

Um sonho tão grandioso que você tem vergonha de contar

Guardadas as proporções, o também mineiro Igor Lima fez uma troca profissional do mesmo molde. Ele já era consultor da McKinsey no Brasil quando foi admitido no MBA da Escola de Negócios Kellogg, na Northwestern University, em Illinois. No processo de preparação para a universidade, conheceu a Fundação Estudar. "Antes de me tornar bolsista, nunca pensei que poderia ser um agente de transformação. Só pensava em tocar minha própria vida", diz. Essa era sua postura desde que ele se entendia por gente – planejar algo grandioso soava arrogante. Até que, num dos eventos da Estudar, ouviu a definição de sonho grande de Marcel Telles: "algo que você tem vergonha de falar alto até no banheiro, que você só fala baixinho na frente do espelho e, mesmo assim, fica encabulado". Lima começou a pensar se o seu desejo de ajudar a mudar a educação no Brasil não caberia nessa definição.

Nos Estados Unidos, seu interesse por trabalhar com educação foi se cristalizando. Na infância, Lima já tinha dado aulas para colegas, a fim de garantir uma bolsa de estudos num colégio particular de primeira linha. Também trabalhara por um ano em um colégio em Fortaleza. Durante o MBA, fez estágio num fundo de investimentos americano – e só se sentia realmente motivado quando as verbas iam para o setor de educação.

Ao voltar para o Brasil e reassumir seu cargo na McKinsey, Lima já sabia que aquele trabalho não era para ele. Só tinha um pequeno problema: a empresa pagara a maior parte dos custos de seu curso sob a condição de ele permanecer nela por pelo menos dois anos depois de terminar o MBA. Sua saída implicava arcar com uma dívida de R$ 270 mil – fora outros empréstimos. Mesmo assim, aceitou a proposta para trabalhar na Kroton Educacional.

"Muita gente achou que eu era maluco", lembra Lima. "Primeiro pensavam que eu ia trabalhar na Advent, um fundo de investimentos que comprou participação na Kroton. Aí eu falava que ia para a empresa, não para o fundo. Então perguntavam se ia ser presidente, eu dizia que não. Diretor? Não. Gerente?!?" Quando Lima dizia que a Kroton só pagaria 20% de sua dívida com a McKinsey, a surpresa aumentava. Quando contava que o salário líquido e os benefícios seriam menores que os da consultoria, então... Mas, com o apoio da esposa, médica, que aumentou a carga de trabalho para poder arcar com mais despesas; de um amigo que lhe emprestou dinheiro; e da própria McKinsey, que parcelou a dívida em dois anos, ele conseguiu que sua mudança de direção profissional não fosse tão traumática.

A exposição à cultura da Fundação Estudar, segundo ele, o encorajou a trocar o supostamente certo pelo duvidoso. "Quando você passa a almejar uma carreira diferente, essa questão do risco assume outro significado." Não é que algumas pessoas nasçam com propensão a ser mais destemidas ou sejam inoculadas com um vírus da ousadia.

Como diz Adam Grant, professor da Escola de Negócios Wharton e colunista do jornal *The New York Times*, em seu livro *Originais*: "Depois de anos estudando e interagindo com pessoas que escolhem defender a originalidade, percebi que suas experiências interiores não são nem um pouco diferentes das nossas. Elas sentem os mesmos medos e as mesmas dúvidas. O que as diferencia é que, mesmo assim, elas partem para a ação. No fundo do seu coração, elas sabem que fracassar lhes traria menos desgosto do que nem tentar."

Tampouco é verdade que se tornar empreendedor é passar a gostar do risco. Ao contrário, os melhores empreendedores detestam o risco. Eles o aceitam, quando é necessário para realizar seus objetivos – e trabalham para minimizá-lo. O que eles entendem é que não correr nenhum risco é, no final das contas, uma atitude que não compensa. "Se você sempre toma atitudes médias, seguras, é pouco provável que no final do dia sua carreira desemboque em alguma coisa diferente", diz Lima.

Também nesse caso, o risco se pagou. Lima acredita que não teria ido longe se tivesse ficado na McKinsey. Por não gostar do que fazia, avalia que seu desempenho era apenas mediano. Já na Kroton... Quando foi trabalhar lá, em 2009, a empresa tinha 40 mil alunos, faturava por volta de R$ 300 milhões anuais e era avaliada em R$ 1 bilhão. Em 2015, após uma série de fusões, aportes de capital e expansão orgânica, já contava com 1 milhão de alunos. A fusão com a Anhanguera, acertada em 2013 e efetivada no ano seguinte, tornou-a o maior conglomerado do setor de educação no mundo. Seu faturamento foi multiplicado por 14, para cerca de R$ 4,3 bilhões, e o valor de mercado multiplicou-se por quase 25, chegando a R$ 24,5 bilhões. A essa altura, Lima já era um dos vice-presidentes, um dos quatro ou cinco principais responsáveis pelo grupo... e então decidiu sair.

Em 2015, numa pequena sala comercial do bairro do Itaim Bibi, em São Paulo, com meia dúzia de funcionários, ele fundou o Instituto

Sonho Grande, patrocinado por Marcel Telles. O intuito é encontrar projetos de educação que tenham alto potencial de transformação na área pública e ajudá-los a alavancar seu impacto e sua escala. Na fase de montagem do instituto, Lima se mostrava acanhado em falar sobre seus planos. Por um lado, porque o negócio era ainda incipiente; por outro, porque era um sonho que tinha vergonha de contar.

Quem não perde não ganha, quem não erra não aprende

E quando as coisas dão errado? Por definição, assumir um risco é estar preparado para a perda. Mas uma coisa é saber hipoteticamente que o prejuízo pode acontecer, outra bem diferente é vivê-lo.

"O primeiro investimento que fiz no fundo que a gente criou deu prejuízo", conta Florian Bartunek, conselheiro e um dos principais doadores privados da Fundação Estudar. O fundo a que ele se refere é o Utor Asset Management, criado em 1998 para gerir os recursos pessoais de Jorge Paulo Lemann, Marcel Telles e Beto Sicupira, após a venda do Banco Garantia para o suíço Credit Suisse First Boston.

Uma das possíveis traduções para o verbo latino utor é "auferir lucro" – e foi essa a inspiração para o fundo de investimentos. Sua estreia, porém, não fez jus à palavra. "Perdi US$ 500 mil numa das primeiras operações", diz Florian. "Não consegui dormir à noite." Só o tamanho do rombo já tiraria o sono de qualquer um. Mas havia mais.

Florian era um jovem austríaco que morava no Rio de Janeiro e queria estudar marketing. Cursou administração e, quase por acaso, acabou indo trabalhar no então pouco conhecido Banco Pactual, criado por um ex-sócio do Garantia, Luiz Cezar Fernandes. Ascendeu rapidamente e tornou-se um dos sócios mais jovens do banco. Porém, em 1998, Luiz Cezar havia se endividado com negócios paralelos e foi obrigado a vender a maior parte de suas ações no banco aos outros sócios (principalmente André Esteves, Gilberto Sayão, Marcelo Serfaty e Eduardo Plass). Pouco tempo depois dessa crise, Florian decidiu telefonar para Lemann e se oferecer para trabalhar com ele.

E aí, logo no início de sua experiência com o Utor, aconteceu essa bola fora... Florian fora surpreendido pela crise na Rússia, cuja moratória teve o perverso efeito de assustar investidores internacionais e secar investimentos em países emergentes.

"Perder dinheiro é ruim, mas quem não perde não ganha", reagiu Lemann no dia seguinte. "Quem não erra não aprende. Analise o seu erro e bola para a frente." Ninguém gosta de perder meio milhão de dólares, mas, numa cultura que aceita riscos, é crucial distinguir entre dois tipos de erro: aquele em que atitudes erradas levam a um desfecho previsivelmente desastroso e aquele em que as atitudes são razoáveis, em linhas gerais corretas, mas mesmo assim o resultado é aquém do esperado. Nesse segundo tipo, parte do custo do erro é compensada pelos acertos que aquelas atitudes promovem em outros eventos; a outra parte é encarada como o preço do aprendizado.

Depois daquele trauma inicial, Florian levou a bola adiante. Após quatro anos gerindo os recursos dos sócios do Garantia, quis expandir o fundo, abrindo-o para novos investidores. O trio foi contra. Lemann, no entanto, o incentivou a empreender e a não desistir de sua ideia. Assim, em 2002, o Utor virou Constellation Asset Management, com Florian como sócio majoritário e Lemann como um dos minoritários.

CAPÍTULO 4
DINHEIRO NÃO É FINAL – É SINAL

O garoto rico que perdeu tudo e o camelô que virou CEO

"Dois motoristas, três empregadas, viagens para o exterior todo ano, apartamento no Guarujá com piscina na varanda... Quando eu tinha 12 para 13 anos, minha família perdeu tudo isso. Foi a melhor coisa que podia me acontecer."

De uma hora para outra, o paulista Renato Mazzola não tinha mais dinheiro para sair com os amigos. Para ir ao colégio (onde obteve bolsa parcial), passou a andar de ônibus ou de carona com uma professora. Mas, segundo ele, a falência do pai lhe forneceu algo de valor inestimável: a percepção de que tinha de batalhar pelas coisas. Nessa época, fascinado com as aulas em que uma professora falava sobre relações internacionais e diplomacia, resolveu que queria trabalhar num organismo multilateral (uma entidade formada por vários países, como o Banco Mundial, o BID, a ONU e o FMI). E ainda no colégio fazia planos para realizar seu objetivo: estudar economia, aprender idiomas, ter alguma experiência em outro país.

Desde cedo começou a juntar dinheiro, fazendo bicos carregando caixas em feiras e eventos. Em 1996, no primeiro ano da faculdade de economia na PUC-SP, tratou de procurar estágio. Sua estratégia para chamar atenção dos contratantes foi imprimir o currículo em uma única folha, vermelha. Conseguiu uma vaga na American Airlines. "Levava marmita e andava a pé da empresa até a faculdade para não gastar com a passagem. Tudo para economizar e conseguir sair do país por um tempo." Em dezembro, Mazzola trancou a faculdade e passou um ano fora para aprender inglês e espanhol. Morou primeiro em Wisconsin, nos Estados Unidos, depois em Quito, no Equador.

Quando voltou, cumpriu outra parte do plano que traçara no colégio: procurou emprego em bancos de investimentos. Achava que a experiência com finanças o tornaria mais competitivo nos processos seletivos para mestrados em universidades estrangeiras, o que o ajudaria depois na busca por uma vaga em um organismo multilateral. Repetiu a estratégia do currículo vermelho e obteve sucesso novamente: conseguiu emprego no Chase Manhattan (que em seguida se tornaria JP Morgan Chase), em que trabalhou de 1998 até 2003 – e aí pediu demissão, para estudar relações internacionais.

Durante todo o tempo em que trabalhou, Mazzola guardou dinheiro para estudar fora. Mas, na transição do Governo Fernando Henrique Cardoso para o Governo Lula, o dólar disparou e suas economias deixaram de ser suficientes para pagar os custos da escola que tinha escolhido: The Fletcher School of Law & Diplomacy, da Universidade Tufts, em Boston. Foi então que ele conheceu a Fundação Estudar. Na entrevista final, ouviu a mesma pergunta que haviam feito no banco: "Você está no JP Morgan, ganhando bastante dinheiro. Qual a lógica de querer ir trabalhar em um organismo multilateral?" Mazzola respondeu que era seu propósito na vida, que queria ajudar a canalizar investimentos para lugares que necessitavam – mesmo sabendo que ganharia menos dinheiro. Recebeu a bolsa, que complementou o dinheiro que guardara para que pudesse estudar fora.

É raro que alguém da rede da Estudar diga que se sente motivado pelo dinheiro. Não é que façam voto de pobreza, longe disso. O dinheiro é muito bem-vindo. Mas a recompensa financeira é encarada como um subproduto do sucesso na realização dos sonhos. É um conforto, especialmente para quem já passou por dificuldades. Mais do que isso, é um sinal de que os objetivos estão sendo alcançados.

Após o mestrado, Mazzola acabou sendo contratado pelo Banco Interamericano de Desenvolvimento (BID). Nos cinco anos em que ficou no órgão, trabalhou com projetos de infraestrutura na América do Sul. Dois deles ganharam reconhecimento internacional. O projeto da Linha 4 do metrô de São Paulo – a primeira parceria público-privada (PPP) no Brasil – recebeu o prêmio de melhor negócio de infraestrutura de 2008 para a América Latina da *Project Finance Magazine* e da *Project International*, revistas das agências Euro Money e Thomson Reuters, respectivamente. No ano seguinte, o financiamento do Rodoanel, anel viário ao redor da Grande São Paulo, ganhou o prêmio de melhor negócio da área de transportes da América Latina e global, das mesmas publicações.

Nesse momento, Mazzola vivia em uma cidade de que gostava e tinha realizado o seu sonho de colégio. Conta que se sentia satisfeito por apoiar o desenvolvimento de grandes obras de infraestrutura – mas frustrado com o excesso de burocracia e a demora na implementação de decisões de um organismo multilateral. E resolveu mudar.

Começou a buscar um lugar para continuar trabalhando com infraestrutura, mas na ponta investidora. Encontrou o BTG Pactual, que na mesma época buscava expandir sua franquia de investimentos em empresas de infraestrutura pelo mundo.

Logo no primeiro ano, Mazzola tornou-se sócio. Nos cinco anos à frente do setor no banco, ajudou a expandir a franquia para investimentos que englobam empresas no Brasil, no Chile, na Bolívia, na Colômbia, no Peru, nos Estados Unidos e na Espanha. "Hoje já somos um dos 20 maiores fundos do setor no mundo, e estamos só começando", afirma. No final de 2016, assumiu também a área de *private equity*, tornando-se responsável por outras 20 empresas.

Apesar da mudança da área pública para um banco privado, Mazzola diz manter o mesmo estilo espartano dos tempos de Washington: "Apartamento pequeno e sem carro, para manter o custo fixo baixo."

Cada sonho leva a outro

"Não tenho como alvo ter barco, avião. Meu alvo é realizar", diz o administrador de empresas André Peixoto.

E é o que ele tem feito. Sócio da Legion Holdings, especializada em comprar e recuperar empresas em situação crítica, Peixoto assumiu em 2016 o cargo de executivo-chefe da rede de varejo carioca Leader. Foi um caminho e tanto, considerando o ponto de onde ele partiu. A ambição material cumpriu seu papel – até um limite. "Já tive aspiração por coisas, mas com o tempo você começa a entender que você parte e as coisas ficam. Não tem muito sentido viver em função disso."

Nascido e criado na Baixada Fluminense, região de classe média baixa do Rio de Janeiro, filho de uma professora e de um escrivão de polícia, Peixoto começou a se virar desde cedo. Aos 14 anos, vendia lanches e sucos informalmente na escola. O negócio deu tão certo que a cantina pressionou a direção para que proibisse a concorrência. "Foi meu primeiro aprendizado corporativo, sem nem saber que estava aprendendo", diz. "O monopolista tem poder, você tem de aprender a respeitar essa turma."

Entusiasmado pela renda que conseguira obter com aquela experiência, o garoto passou a vender seus produtos na rua, como camelô. Gostava tanto do trabalho que, quando viu a oportunidade de se dedicar a ele por mais tempo, não teve dúvidas: largou a escola. Estava então com 15 anos, no primeiro ano do ensino médio. Nessa época, já tinha seu sonho grande, já sabia aonde queria chegar: ser vendedor de carros. De preferência, numa concessionária autorizada. Batalhador, bateu à porta das quatro que havia em Nova Iguaçu, que representavam Ford, Fiat, Volkswagen e GM.

Na da Fiat, foi recebido pelo diretor. E voltou lá todas as semanas, religiosamente, durante um ano, até que finalmente conseguiu ser contratado. "Não para a concessionária, mas para um pequeno negócio de venda de tijolos, quando completei 18 anos." Alguns meses depois, esse diretor comprou uma concessionária em Petrópolis, na região serrana do estado, e levou Peixoto com ele. O jovem finalmente realizou seu sonho de ser vendedor de carros.

"Em três meses, percebi que meu sonho era péssimo", conta. Durante um treinamento, ele viu um diretor da Fiat e concluiu: "Esse sujeito é mais importante que o meu chefe." Ali percebeu que o mundo da montadora era bem maior que o da concessionária, e que havia muito mais coisas a almejar na vida do que vender carros.

Os anos seguintes foram movimentados: abriu uma loja de camisetas que durou três anos até falir; casou com a namorada, aos 21 anos, e logo descobriu que seria pai; voltou para Nova Iguaçu e montou uma padaria. O negócio ia bem: Peixoto tirava cerca de 10 salários mínimos por mês. "Nesse momento a gente conseguiu ajeitar um pouco a vida. A fotografia era boa. Mas o filme não parecia que ia ser tão legal." Era um desses casos em que você atinge o cume, mas o cume de um morro baixo. Era melhor pegar outra trilha, ainda que fosse necessário descer para depois voltar a subir. Estava na hora de retornar aos estudos.

Luciana Salles, sua esposa, retomou o curso de engenharia química que havia trancado para ter a filha. Peixoto sonhava em estudar economia no Ibmec – só que o curso era caro demais para o orçamento do casal. Num rompante de ousadia, vendeu o carro, o que lhe rendeu dinheiro suficiente para pagar o primeiro semestre da faculdade. "Pensei: no segundo período a gente vê o que acontece", recorda.

O dinheiro não era o único obstáculo. Como havia largado os

estudos no início do ensino médio, André não tinha como ingressar na faculdade, mesmo que passasse no vestibular. A solução foi cursar um supletivo. "Fiz o ensino médio em 10 dias, através do modelo de módulos", conta. "Como o nível das provas era absurdamente baixo e eu tinha uma boa base, passei." O vestibular também foi fácil. Na época, até por ser caro, o Ibmec tinha mais vagas do que candidatos. O verdadeiro baque veio no início das aulas.

"Na primeira aula de cálculo, quando a professora fez a prova de nivelamento, entreguei o teste completamente em branco. Não fazia a menor ideia do que aquelas letras significavam", lembra. A professora relatou que ela própria passara por isso: como tinha feito curso normal, quando entrou na faculdade de matemática deparou com conceitos de que nunca ouvira falar. Ela recomendou que ele estudasse com afinco um livro-texto. "O engarrafamento de duas horas da faculdade até minha casa se tornou uma bênção", diz.

Peixoto tinha fechado a padaria, mas, para pagar as contas, manteve uma operação de atacado. Durante todo o segundo semestre de 2002, ele acordava às três da manhã para assar os pães na garagem de casa, depois contava com a ajuda do pai para entregar as encomendas aos revendedores e às empresas que serviam café da manhã aos funcionários. Às 5h30 pegava o ônibus para ir à faculdade, onde ficava o dia inteiro. "Eu dormia três, quatro horas por dia, no máximo. Aos domingos, hibernava para me recuperar."

Ao perceber as dificuldades do mais velho dos calouros, um professor o abordou, preocupado: "Você acha que vai aguentar o ritmo dessa garotada?" Peixoto respondeu: "O senhor não me conhece, professor. Complicado vai ser a garotada aguentar o meu ritmo." Sua disposição empolgou alguns dos professores da faculdade. "Fui quase empurrado a aprender pela vontade que vi nos olhos deles", lembra. E retribuiu o apoio: terminou o primeiro período com 9,5 na prova de cálculo – e do segundo em diante se tornou professor particular da matéria.

No ano seguinte, conta, "ficou rico". Primeiro, passou no processo seletivo e recebeu uma bolsa da Fundação Estudar, cobrindo o equivalente a 80% da mensalidade – que ele já não precisava pagar: a diretoria do Ibmec concedera 50% de desconto e ainda lhe dera três monitorias, que cobriam a outra metade dos custos. Com a bolsa da Estudar mais as aulas particulares em ritmo frenético, inclusive aos sábados, André pôde finalmente se livrar do maquinário da padaria, encerrar suas atividades... e dormir duas horas a mais por noite.

Das aulas particulares, Peixoto pulou para o mundo empresarial. Primeiro no próprio Ibmec, como coordenador de operações, depois na BRMalls e dali para a Casa&Vídeo, onde foi promovido a diretor de operações. Em 2016, tornou-se sócio de Fabio Carvalho, então executivo-chefe da Casa&Vídeo. Junto com mais um sócio, fundaram a Legion Holdings, que, entre outras empresas, comprou a Leader, agora sob seu comando.

Durante toda essa trajetória, o dinheiro acompanhou – mas não guiou – seus altos e baixos. Seu padrão de vida mudou, mas não se tornou extravagante. "Hoje a gente mora numa casa simples, mas confortável, num condomínio pequeno na Freguesia [em Jacarepaguá, zona oeste do Rio de Janeiro]", afirma.

Para Peixoto, a recompensa financeira tem que chegar no final do processo. "Via de regra eu fui surpreendido pela minha remuneração, sempre acima da expectativa", diz. "Sempre defendi mais aumento para a minha equipe do que para mim, até porque sem equipe você não chega a lugar nenhum. Um time forte entrega bons resultados, e bons resultados acabam sendo recompensados. Esse é o ciclo em que eu acredito."

Brigar pelo dinheiro, aliás, é um sinal de que as coisas não vão bem, de acordo com ele. "Se você tem que pedir aumento muitas vezes, alguma coisa está errada", afirma. "Ou você não está no lugar certo, ou não está entregando o que é preciso."

A história da Fundação Estudar – 1

O princípio e os princípios de uma máquina de impulsionar talentos

"Eu vou lhe dar o maior presente da sua vida profissional."

Com essas palavras, Aik Brandão recebeu das mãos de Jorge Paulo Lemann o estatuto da Fundação Estudar. "Ele tinha razão, foi meu maior presente", conta ela, 25 anos depois. Ali no escritório do Banco Garantia, no centro do Rio de Janeiro, no entanto, não foi essa a impressão que teve. "Jorge Paulo, eu não entendo nada de fundação", disse ela após folhear a papelada. "Nós também não, vamos aprender juntos", retrucou Lemann. Aquela era uma resposta típica dele: na cultura do Garantia, que os sócios implantariam na Fundação Estudar, não saber algo não pode ser impeditivo a realizar. Ao contrário, deve ser um incentivo.

Aik não era estranha a essa cultura, longe disso. Conhecia o grupo desde 1982, quando se tornou secretária do trio. Na época, Beto Sicupira estava migrando para as Lojas Americanas – um negócio inteiramente novo para o grupo, tão desafiador quanto seria para Marcel Telles tocar a Cervejaria Brahma pouco tempo depois.

Não foi amor à primeira vista. "Eu vinha de uma multinacional americana, achei aquilo ali chatíssimo, foi uma adaptação difícil aprender a trabalhar com eles e assimilar a cultura do Garantia", conta."Antes eu tinha uma sala, um assistente só para mim, ficava na antessala do presidente. Era aquela coisa bem americana, bem quadradinha, e era do que eu gostava."

No Garantia, além da ausência de mordomia, com um único assistente para todo o *pool* de secretárias, a mentalidade era completamente nova, estranhíssima para a época. "Todo mundo era avaliado. Se não cumprisse as metas, era mandado embora. Se as cumprisse, era recompensado. Todos tinham bônus, dos executivos ao boy." O começo foi esquisito, mas aos poucos ela se acostumou.

Aik deixou de trabalhar no grupo para ter o terceiro filho, aos 36 anos – uma idade em que, naquela época, a gravidez era considerada de risco. Mas nunca perdeu o contato com o trio de sócios. Já em 1991, Aik organizou a festa do segundo casamento de Lemann, em Angra dos Reis, no litoral do Rio de Janeiro. Um mês depois, foi convidada para trabalhar na Estudar.

O objetivo inicial da Fundação Estudar era financiar o estudo de brasileiros talentosos que não tivessem condições financeiras de fazer MBA no exterior. Logo de cara, porém, esse objetivo teve de ser adaptado. Naquela época, o processo para ser aceito em programas de MBA era pouco difundido, complicado... e caro. "A gente percebeu rapidinho que quem não tinha dinheiro não conseguia nem se candidatar às universidades", relata Aik. Por vários motivos: o MBA era um programa sobre o qual quase não havia informação no Brasil; pouca gente tinha domínio suficiente do idioma; os processos eram burocráticos; os profissionais especializados em preparar jovens para as provas de seleção eram poucos e caros; a papelada também não saía barato; e o candidato em geral tinha de se inscrever em cinco ou seis universidades para aumentar suas chances, o que resultava em um custo ainda mais alto. Isso sem falar que os alunos mais preparados eram os que haviam estudado em colégios privados, de elite. Ainda levaria alguns anos até que essa dinâmica começasse a mudar, com a disseminação de informações na sociedade, com a política de dar ênfase também a programas de graduação e com a busca deliberada de jovens com perfis mais diversificados.

A ideia de financiar os estudos impondo formalmente aos bolsistas uma dívida para com a Fundação Estudar também não prosperou. Quando Aik começou a visitar dirigentes do meio acadêmico, constatou que essa prática soava como heresia. A solução foi tornar a devolução um compromisso moral, não uma obrigação contratual: os bolsistas deveriam pagar a dívida assim que tivessem condições para isso, a fim de que outras pessoas pudessem usufruir da mesma oportunidade e a organização prosperasse. Para os fundadores, a inadimplência até hoje é inaceitável: é um sinal de que o bolsista não captou a essência de sua cultura. A filosofia é multiplicar, criar algo sustentável (isso décadas antes de o termo virar um clichê nas empresas).

Uma coisa que nunca mudou, porém, foi a regra de que a bolsa nunca cobriria o total das necessidades do aluno. Em tese, o jovem candidato já estava no mercado de trabalho e devia ter algumas economias. Ele também já tinha de ter feito uma vaquinha entre os parentes e buscado outras possíveis fontes de patrocínio. Já deveria ter vendido o carro, a moto ou qualquer bem que possuísse. A negociação seria feita com base no que faltasse para fechar a conta.

Desde o início também estava clara a exigência de que o aprendizado adquirido nos cursos beneficiasse o Brasil em algum momento. Vários dos primeiros bolsistas receberam oferta para trabalhar no grupo – o que era natural, visto que haviam sido identificados como talentosos. É o caso de Carlos Brito, CEO da AB InBev, João Castro Neves, presidente da AB InBev para a América do Norte, e Bernardo Hees, CEO da Kraft Heinz. A ideia, no entanto, nunca foi usar a Fundação Estudar para fortalecer o grupo. "Eles sempre falavam que a condição era ajudar o Brasil", conta Aik.

Uma característica essencial da Fundação Estudar é a lógica do investimento: enxergar gente com grande potencial e ajudar a realizá-lo. Para que o investimento "se pague", é crucial selecionar bem. Por isso, o esforço gasto nessa etapa é enorme. No primeiro ano de funcionamento, os candidatos que conseguiam chegar à última fase do processo de seleção eram colocados em salas separadas e os três fundadores entrevistavam todos eles, em uma série de conversas individuais. Ao final, só recebiam a bolsa aqueles que obtivessem aprovação unânime. O entra e sai das salas do banco, durante o dia inteiro, revelou-se muito exaustivo. Nos anos seguintes, os sócios passaram a interrogar os candidatos em grupos de quatro ou cinco. O que não mudou foi o estilo das perguntas.

"Era um massacre", diz Aik. Mas não se trata de crueldade. Era um método de avaliar as pessoas sob pressão. A rispidez às vezes respingava nos responsáveis pela seleção. Se traziam algum candidato que não impressionasse, levavam bronca: "Pô, você me faz perder tempo com um cara desses!" Até hoje, os selecionadores sentem receio de indicar candidatos mais fracos para a entrevista final. Apesar disso, um acerto sempre valeu mais do que muitos erros. A recomendação que Aik recebia era que, na dúvida, aprovasse o candidato para a próxima fase. "Se você perder uma pessoa boa, ela nunca mais vai voltar", dizia Lemann. E gente boa é o melhor investimento que se pode fazer.

PARTE II

TRABALHAR DURO

A filosofia Estudar:

- Só quem é obstinado em seus esforços consegue atingir a excelência.
- Todo caminho tem obstáculos, e a persistência é crucial para transpô-los. A busca da excelência implica estar sempre um pouco insatisfeito. O desconforto (moderado) leva à ação.
- Talento, sem trabalho, não floresce. O trabalho consistente é capaz de produzir talento – e o talento, aplicado ao trabalho, produz resultados extraordinários.

"Marcel, tem um gênio aqui procurando trabalho. Você tem alguma coisa aí para ele fazer?"

A pergunta foi feita por Jorge Paulo Lemann em um telefonema a Marcel Telles. O gênio em questão era Ricardo Tadeu Soares, um carioca que aos 10 anos ficou conhecido nacionalmente como superdotado ao participar do programa de auditório de Silvio Santos, no SBT, fazendo contas mais rapidamente do que uma calculadora. Aos 12, ainda no nono ano, Ricardo passou no vestibular e obteve autorização da Justiça para cursar direito. Aos 16, tornou-se o advogado mais jovem do mundo. Em 1994, recebeu bolsa da Fundação Estudar para fazer mestrado em Harvard. Na volta, ligou para Lemann.

"Mande ele para cá que eu o coloco para carregar caixotes", foi a resposta de Marcel. Em parte era uma brincadeira entre dois sócios de muitos anos. Mas a afirmação era condizente com a cultura do grupo: meritocracia e foco em gente não significa que basta identificar os talentos e lhes dar um desafio. O potencial, para se concretizar, precisa ser burilado, testado, posto em contato com outras ideias e realidades e, principalmente, fustigado. Não há talento que desabroche sem trabalho.

Ricardo entrou na Ambev, não na área jurídica, para a qual tinha tantas qualificações, mas no setor comercial. A ideia era fazê-lo transitar por diversas áreas, para aprender mais e adquirir visão estratégica. Sua ascensão foi rápida.

Aos 37 anos, em 2013, tornou-se presidente da Zona México da AB InBev, controladora da Ambev. Dois anos depois, a operação mexicana registrava pela primeira vez uma rentabilidade maior do que a brasileira.

De acordo com a filosofia que a Estudar segue, o trabalho não é um fardo a se carregar para garantir o sustento – é a única forma de realizar seu potencial. Talento sem trabalho não adianta para nada. Trabalho, contínuo e consistente, constrói o talento. E o talento, aplicado ao trabalho, leva a resultados excepcionais.

CAPÍTULO 5

TER VONTADE, NÃO FICAR À VONTADE

Da roça no sul de Minas para a faculdade de ciências na China

"Felizmente existem amigos para nos lembrar de que o bom nunca é bom o bastante, que sempre dá para ir mais longe."

Wildiner Estainer Batista nasceu em Cordislândia, cidade de 3.500 habitantes situada no sul de Minas Gerais. Quando tinha 6 anos, seus pais – um pedreiro e uma empregada doméstica – se mudaram para uma localidade ainda menor, o distrito de Carneiros, na zona rural de São Gonçalo de Sapucaí, com apenas 800 habitantes. Com 12 anos, começou a trabalhar na lavoura.

Quando estava no sétimo ano, Wildiner acordava às seis da manhã, ia de bicicleta para a lavoura, trabalhava com o pai até as duas da tarde, voltava, tomava banho correndo, almoçava e ia para a escola, das três da tarde às sete da noite. Essa provavelmente seria sua rotina até o final do ensino fundamental – mas um professor de geografia, Murilo, que havia estudado no Rio de Janeiro, percebeu que o menino era talentoso e convenceu a família do garoto a enviá-lo para uma escola técnica.

"Acabei escolhendo o curso pelo nome: agroindústria", conta Wildiner. Em Inconfidentes, uma cidade de 7 mil habitantes a 150 quilômetros de distância, aprendeu a fazer queijo, processados de carne e coisas do gênero. Dividia o quarto com outros 10 garotos e chegava a passar três meses sem ir para casa. Nessa época, aprendeu a jogar xadrez.

No final do curso, recusou uma proposta de trabalho no Rio Grande do Sul porque sonhava em cursar faculdade. Com poucos recursos, tentou entrar para o Instituto Tecnológico de Aeronáutica (ITA), que paga um soldo aos alunos. "Quando peguei a prova, olhei para ela, ela olhou para mim... Tentei fazer o máximo que dava... mas desde o primeiro momento eu soube que não passaria. Só completei três das 25 questões, apesar de ter ficado na sala durante todo o tempo disponível, esperando que viesse uma luz."

No ano seguinte, estudando apenas nas horas vagas do trabalho como ajudante de pedreiro, Wildiner percebeu que o ITA era um objetivo inalcançável. Mas passou para o curso de engenharia da Unicamp. Tornou-se um aluno ativo: entrou no grêmio estudantil, começou a fazer trabalho voluntário e ficou em terceiro lugar num concurso de inovação promovido pela Siemens.

Foi mais ou menos nessa época que ouviu falar de "uma tal de Fundação Estudar". Estranhou que existisse uma instituição que financiava o estudo das pessoas, mas não deu muita atenção porque o assunto girava em torno de dinheiro e ele já recebia um auxílio da Unicamp. Algum tempo depois, foi à casa de um colega e o assunto era, novamente, a Fundação Estudar. Dessa vez, comentavam sobre os princípios da Estudar e sobre as pessoas que faziam parte dela. Wildiner se interessou. Leu uma reportagem sobre a instituição, começou a pesquisar sobre seus valores de meritocracia e excelência, e achou que ali era seu lugar. "Aquilo tudo fazia todo o sentido para mim", diz.

Em seguida, Wildiner descobriu Nádia Leão, uma ex-presidente do grêmio estudantil da universidade que era bolsista da fundação. Conseguiu o e-mail dela e a convidou para dar uma palestra na Unicamp. "Acho que foi um dos momentos mais encantadores da minha vida.

Ela havia feito estágio na Danone, na Ambev e no Google, e falava com uma energia que eu nunca tinha visto antes."

A partir daí, para ser aceito na Estudar, traçou um plano que envolveu projetos extracurriculares e ONGs. Em 2012, conseguiu sua bolsa. Mais importante do que o auxílio financeiro, segundo ele, foi que a Fundação Estudar lhe ofereceu mentoria para ajudá-lo a tomar decisões – e o incentivou a querer ir mais longe. "O bom da Estudar é a pressão que você ganha. Quando você sai da reunião anual, por exemplo, é como se tomasse um tapa na cara. Você vê que o pessoal está dando duro, está avançando e, se você não fizer nada, se não correr o máximo que puder, vai acabar ficando para trás."

Wildiner sentiu-se impelido a traçar objetivos ainda mais ambiciosos. Em 2014, foi aceito pelo programa Ciência sem Fronteiras para fazer intercâmbio na China: passaria um ano estudando mandarim na província de Hubei – onde se tornou o primeiro estrangeiro a ganhar o torneio de *xiangqi*, um jogo parecido com o xadrez – e um ano cursando engenharia civil na Universidade Tsinghua (onde se formaram o atual e o ex-presidente daquele país).

De volta ao Brasil para terminar a Unicamp, Wildiner acredita ter feito conquistas importantes em sua experiência no exterior. "Antes de sair do Brasil, comentei com meu mentor na Fundação Estudar, Renato Toledo, que pretendia atingir o nível 5 de fluência em mandarim, um grau acima do que a Capes [o órgão do governo responsável por programas de pós-graduação] exigia. Ele me perguntou qual era o nível mais alto e eu respondi que era o 6. Aí ele me falou: 'Então você tem de conquistar o 6.' Felizmente existem amigos para nos lembrar de que o bom nunca é bom o bastante, que sempre dá para ir mais longe."

Hoje, Wildiner alcançou um nível do idioma que lhe permite cursar mestrado ou doutorado com aulas em mandarim na Universidade Tsinghua ou na Universidade de Pequim, as duas melhores da China.

CAPÍTULO 6
TER OBJETIVOS AJUDA A PERSEVERAR

O menino que calculava

"Quando descobri que o ITA era uma escola militar que oferecia alojamento, ensino e alimentação, pensei: 'É lá que eu tenho que estudar.'"

Gilberto dos Santos Giuzio tinha 16 anos quando soube da existência do ITA através de um folheto pregado em seu colégio, em Nova Bandeirantes, no interior do Mato Grosso, e passou a sonhar com a faculdade. Mas logo em seguida tomou uma direção que parecia contrária a seu objetivo: abandonou a escola – pela segunda vez.

Ele era um bom aluno. Desde os 5 anos, impressionava resolvendo de cabeça contas que muitos adultos não conseguiam fazer. Seu pai, que trabalhava na roça e estudou somente até o quinto ano, exibia orgulhoso aos amigos o menino prodígio de Nova Monte Verde. Mas quando Gilberto tinha 7 anos o pai morreu de malária. Algum tempo depois, a mãe se casou de novo e a família se mudou para Nova Bandeirantes. Com apenas 14 anos, Gilberto tomou o rumo comum aos garotos da região: parou de estudar e começou a trabalhar no sítio com o padrasto.

Parecia não existir nada além da rotina de criar gado, tirar leite, roçar o pasto, erguer cerca... até que a família comprou um motor a diesel, que lhes permitiu assistir à TV durante uma ou duas horas por dia. Perto de completar 16 anos, Gilberto foi apresentado a um novo mundo, que acompanhava pelo noticiário da televisão. "Eu via as pessoas realizando coisas tão interessantes, tão desafiadoras, e na minha cidade a perspectiva era ficar fazendo a mesma coisa todos os dias, durante 30 anos", diz. Naquele momento, a lembrança das contas que fazia na infância pareceu indicar o caminho. Aos 16 anos, venceu a resistência dos pais e voltou a estudar.

No entanto, o tempo que gastava nas aulas e para vencer os 13 quilômetros de caminho de terra até a escola o impedia de ajudar no sítio, então ele largou novamente os estudos. Mas Gilberto já sonhava em conquistar uma das 120 vagas anuais do ITA – provavelmente a prova de vestibular mais difícil do país. Optou por fazer um supletivo e, em vez de passar quatro horas por dia no ônibus, estudar por conta própria.

Como sabe qualquer um que tenha tentado aprender algo sozinho, a falta de um professor não é a única dificuldade. É preciso ter uma força de vontade férrea para manter a disciplina. Nesses casos, traçar uma meta é essencial.

Para Gilberto, entrar na faculdade era seu grande objetivo. Seria um fim que lhe proporcionaria um novo começo. E o ITA representava a solução ideal: uma escola militar que pagava soldo e dava alojamento aos estudantes. Duro era chegar lá. Vendeu cocos para comprar livros e conseguiu outros emprestados na biblioteca da antiga escola. À noite, depois do trabalho, estudava, primeiro com a energia do motor elétrico e, quando ela acabava, à luz de velas. Fez isso durante todo o ano de 2003. E depois, durante todo o ano de 2004. E 2005. Então fez a prova do ITA – e foi reprovado.

Tentou também a prova do Enem e obteve pontuação para entrar na PUC de Campinas. Era uma segunda opção aceitável. Gilberto tinha uma tia que morava na cidade, poderia ficar com ela. No entanto, não conseguiu a bolsa do Prouni, o programa de apoio a universitários do Ministério da Educação. O fato de sua mãe ser proprietária de algumas terras e de ele ter feito supletivo levou à desconfiança de que não se tratava de um aluno carente.

Aos 21 anos, Gilberto decidiu morar em Campinas com a tia, que era diarista, e o tio, um frentista afastado por problemas de saúde. Arranjou trabalho como montador de óculos, para ajudar nas despesas da casa, e ingressou num curso pré-vestibular, onde conseguiu 50% de abatimento nas mensalidades. Já no primeiro simulado ele se destacou. O diretor do curso o chamou para conversar e Gilberto comentou que tinha sido reprovado na prova do ITA no ano anterior. "Por que não tenta de novo?", perguntou o diretor. E ofereceu a ele bolsa de 100% se mudasse para a turma preparatória do ITA. O problema era que as aulas eram durante o dia e ele não conseguiria trabalhar e entregar os R$ 100 mensais que tinha combinado dar à tia, Dona Idalina. Os tios compreenderam e o apoiaram.

Gilberto não desperdiçou a oportunidade. Estudava todos os dias das sete da manhã às 11 da noite. Não era bom em redação, então tratou de escrever duas por semana. No final do ano, passou em primeiro lugar na Unicamp, primeiro lugar em engenharia elétrica na USP, no vestibular do Instituto Militar de Engenharia (IME)... e no ITA.

Essa história de superação foi um dos determinantes para que ele fosse aceito como bolsista da Fundação Estudar, em 2008. O apoio financeiro permitiu que ele não seguisse a carreira militar (a partir do terceiro ano, apenas os alunos que se alistam recebem o soldo). O contato com a rede também reforçou sua vontade de retribuir a ajuda que recebeu.

"A ideia da retribuição é muito forte na Fundação Estudar e eu senti que precisava devolver o que as pessoas fizeram por mim – mas não necessariamente para as mesmas pessoas", diz Gilberto. Assim, desde o início da faculdade, começou a colaborar com o Curso Alberto

Santos Dumont, um cursinho organizado pelos estudantes para ajudar jovens carentes a se prepararem para o ITA. "Eu dava aula de reforço, ficava de plantão para tirar dúvidas. No segundo ano desenvolvi um sistema de aconselhamento, porque era triste ver tantos alunos desistindo por dificuldades financeiras ou problemas familiares." Um de seus aconselhados havia iniciado a faculdade na Unesp, no interior de São Paulo, mas começou a faltar porque seus pais ficaram desempregados e ele não tinha condições de pagar a passagem até lá todos os dias. Os alunos e os professores fizeram uma vaquinha e resolveram o problema. "Na última vez em que o encontrei, ele estava terminando o mestrado em letras na USP", conta.

Já formado, Gilberto começou a traçar novos objetivos, inspirado pelos contatos da Fundação Estudar. Após um programa de *trainee*, foi contratado pelo banco Itaú-BBA, em que ficou por dois anos. Parou para estudar inglês fora – uma forma de alavancar a carreira. Ficou quatro meses em Londres, fez trabalho voluntário e, quando voltou, trabalhou por quase três anos numa consultoria estratégica. Seu próximo passo era um MBA. "A cada inscrição que fazia, precisava explicar por que tenho tão pouca experiência para alguém com 32 anos." A idade mais avançada, que normalmente seria uma desvantagem na concorrência pela vaga, no caso dele vira um atributo especial, considerando sua incrível trajetória.

Gilberto foi aceito no MIT, na Universidade Columbia e na London Business School. Escolheu Columbia e, em 2016, se mudou para Nova York.

O PODER DA VONTADE

A persistência – beirando a obstinação – é um dos principais valores da Fundação Estudar. Tem a ver com o apreço pelo trabalho duro, mas é mais do que isso. É o reconhecimento de que, num mundo de amplas possibilidades, chega mais longe quem tem propulsão interna. Quem tem vontade.

Esse conceito se difundiu na filosofia ocidental pelo trabalho do alemão Arthur Schopenhauer, na primeira metade do século XIX. Para ele, toda a natureza, incluindo o ser humano, é expressão de uma insuperável vontade de viver.

Algo parecido anima uma das linhas de trabalho que mais têm chamado a atenção no campo da educação. Segundo a pesquisadora Angela Duckworth, da Universidade da Pensilvânia, autora do livro *Garra: O poder da paixão e da perseverança*, a determinação é um fator tão ou mais importante do que o talento para prever a taxa de sucesso das pessoas.

Angela parece ter tocado num ponto sensível da cultura contemporânea. Depois de décadas priorizando a capacidade intelectual, educadores têm se voltado para a importância de traços como persistência, capacidade de trabalho e força de caráter como elementos cruciais não só para o sucesso, mas para uma vida mais rica.

No mundo moderno, em que o conhecimento é tão disseminado (ou pelo menos mais acessível) e a concorrência tão exacerbada, o valor relativo da força de vontade só cresce. Como disse em entrevista à revista *Época Negócios* um dos investidores mais respeitados do Vale do Silício, Michael Moritz, do fundo Sequoia: "Gente inteligente, que estuda e tira boas notas, virou *commodity*; difícil é achar gente com *drive* [impulso próprio] e jogo de cintura."

CAPÍTULO 7
SÓ A OBSTINAÇÃO LEVA A RESULTADOS EXCEPCIONAIS

Insistência, persistência, consistência: a lei do maior esforço

"Eu sei que a senhora não me conhece, mas eu quero muito estudar o último ano de inglês aqui e não tenho como pagar o curso. Como é que eu posso fazer?"

Assim a baiana Georgia Gabriela Sampaio se apresentou à diretora de uma das unidades da escola de idiomas Fisk em Feira de Santana, em 2013. Georgia estudara inglês a vida toda por conta própria, decifrando letras de músicas americanas e inglesas, mas achava que precisava aprimorar seus conhecimentos e ter um certificado de proficiência no idioma. A diretora não foi convencida assim tão facilmente, mas Georgia acabou saindo de lá com uma boa oferta: uma bolsa de 50% e a oportunidade de pagar a outra metade do curso fazendo serviço de monitoria para alunos dos níveis iniciais.

Não era a primeira vez que ela ganhava uma bolsa de estudos com essa estratégia. Georgia foi alfabetizada no Sesc, mas o colégio só oferecia turmas até o primeiro ano do ensino fundamental. Então sua mãe, Sidiney da Silva Sampaio, teve a ideia de pedir bolsas de estudos atreladas ao rendimento escolar, para manter a filha em escolas de nível mais alto do que a família poderia bancar.

"A gente ia às escolas e demonstrava interesse, mostrava meu boletim, meu histórico escolar, as atividades extras que eu tinha feito e pedia bolsa", conta Georgia. "Desde aquela época, percebi que se você corre atrás, dá a cara a tapa, as pessoas passam a querer ajudar. Aconteceu muito comigo."

Claro, também contava o fato de que, enquanto não conseguisse o que queria, Georgia não arredava o pé. "A gente ia pedir bolsa, eles diziam não; então a gente ia a segunda, a terceira, a quarta vez, até que eles respondessem sim." Na própria Fundação Estudar ela fez valer sua perseverança. Georgia se inscreveu para um programa de preparação de jovens para estudar fora em 2013. Não passou. Inscreveu-se de novo em 2014 e outra vez foi rejeitada. Encontrou outros caminhos para se preparar (pela internet, com a ajuda de uma comunidade de jovens chamada BSCUE) e foi aprovada em nove das 15 universidades americanas a que se candidatou. Finalmente, em 2015, passou no processo de seleção para uma bolsa da Estudar, que complementa a bolsa de estudos dada pela Universidade Stanford.

O valor da insistência não está em bater a cabeça na parede até que uma das duas se rompa – apenas paredes muito finas vão ceder. A melhor estratégia é ter consistência em relação ao seu objetivo, mas tentar chegar a ele por caminhos diferentes. Como fez Georgia. Um de seus maiores trunfos para ser aceita nas universidades estrangeiras foi um estudo que começou a desenvolver em 2012, quando sua tia foi diagnosticada com endometriose (presença de tecido endometrial fora do útero).

Para desenvolver sua pesquisa, foi atrás de especialistas na Universidade Estadual de Feira de Santana, depois na Fiocruz, em Salvador; começou a ler artigos de publicações científicas e finalmente conseguiu participar de uma conferência de empreendedorismo social em Harvard, no final de 2014.

"Procurei diversos médicos, laboratórios e universidades brasileiras, mas ninguém deu atenção à minha empreitada. A experiência em Harvard foi fundamental para validar minha pesquisa e, depois de tantas negativas, para mostrar que o assunto é importante e que devo continuar investindo nisso", conta.

Depois da conferência, percebeu que teria mais chances de avançar nos Estados Unidos, então se candidatou às universidades de lá. A história de Georgia mostra que o trabalho duro não é apenas um instrumento para a realização de uma meta; ele ajuda a determiná-la.

A obstinação demonstrada por Georgia é um traço fortemente valorizado na cultura da Estudar. O cineasta Woody Allen disse uma vez que 80% do sucesso consiste em mostrar a cara. Muita gente costumava dizer a ele que queria escrever uma peça, dirigir um filme... mas não o fazia. "Então, se você realmente faz, já percorreu mais da metade do caminho para que algo de bom aconteça", disse Allen numa entrevista em 2008.

Num tempo em que a maioria das pessoas pratica a lei do menor esforço, a cultura da Fundação Estudar frisa que vai mais longe quem segue a lei do maior esforço. Se você conseguiu saltar na altura em que colocaram a barra, não descanse. Levante a barra mais um bocado.

CAPÍTULO 8
O ORGULHO DE SUPERAR ADVERSIDADES

E Luiz Fernando não saiu para soltar pipa...

"Eu só queria saber de jogar bola, brincar, soltar pipa."

Luiz Fernando da Silva Sousa nasceu e cresceu na Rocinha, a maior favela do Brasil, na zona sul do Rio de Janeiro. Filho de pai pedreiro e mãe diarista, desde cedo demonstrava interesse nas aulas, e alguns de seus professores começaram a lhe passar exercícios de séries mais avançadas. Quanto tinha 13 anos, representantes do Ismart, organização sem fins lucrativos que busca identificar jovens talentosos em escolas públicas para oferecer bolsas de estudos em colégios de ponta, foram até sua escola. Embora diga que na época só pensava em brincar, Luiz Fernando resolveu ficar na sala e fazer a prova que eles trouxeram. Essa decisão mudou sua vida.

Luiz Fernando ganhou uma bolsa integral para estudar no Colégio São Bento, incluindo alimentação, material, uniforme e passagens. Durante dois anos, assistia às aulas da escola pública e, em seguida, fazia aulas de adaptação para entrar no ensino médio do São Bento. Dos 20 inicialmente selecionados pelo Ismart, 12 foram aceitos para o ensino médio. Luiz Fernando estava entre eles.

"Foi um grande choque de realidade. Eu estava acostumado com a vida da Rocinha, presenciar tiroteios, ver traficantes armados na rua.

No São Bento as pessoas têm poder aquisitivo maior, os assuntos são outros, a cabeça é outra, os interesses são outros... Foi difícil para mim. No início sofri um pouco de preconceito."

Os problemas de adaptação eram múltiplos. "Sempre havia festinhas na casa de alguém, as pessoas usavam roupa de marca, conversavam sobre coisas totalmente fora do meu mundo e eu pensava: 'Cara, o que estou fazendo aqui?' Eu sentia vergonha, sentia medo e me sentia deslocado", recorda.

Luiz Fernando ficou a meio caminho entre os dois mundos – e se fechou no seu próprio. "Eu ficava em casa estudando, fazendo minhas coisas no computador, só saía para ir à escola." Mas, no novo colégio, aprendeu que "podia fazer qualquer coisa que quisesse, desde que me dedicasse".

E ele se dedicou. Em 2009, passou para direito na PUC-Rio, com bolsa do Prouni. No meio da graduação, durante uma palestra do Ismart (do qual ainda recebia apoio), ele conheceu a Fundação Estudar. A situação em casa tinha piorado: ele havia brigado com o pai e a Rocinha andava num clima muito tenso. Como tinha começado a fazer estágio em um escritório de advocacia, chegava muito tarde, de terno e gravata, e não se sentia seguro ali. Então pediu um auxílio à Estudar para alugar um apartamento.

"A Fundação Estudar deu o apoio financeiro para que eu me estruturasse até o fim da graduação e me colocou em contato com uma rede de pessoas excelentes", afirma.

Morando sozinho e trabalhando, a relação com os pais – e consigo mesmo – melhorou. "No primeiro escritório em que fui trabalhar eu não falei que era da Rocinha, tinha vergonha. No segundo, me acolheram tão bem quando eu contei minha história, ficaram tão animados que eu comecei a aceitar mais as minhas origens, comecei a achar bacana." Luiz Fernando finalmente percebeu que sua trajetória era mais motivo de orgulho do que de vergonha.

Em 2015 ele passou para o programa de *trainees* da Ambev e hoje já ocupa um cargo gerencial. Numa cerimônia em que Marcel Telles – fundador do Ismart – estaria presente, deu um jeito de se sentar à mesa com ele. Começou a se apresentar, mas Marcel o interrompeu: "Eu sei quem você é." Luiz Fernando apertou a mão dele e disse: "Eu só queria agradecer por tudo, tudo mesmo." Afinal, se não fosse pelo Ismart, ele não estaria ali. Marcel retrucou: "Cara, não tem de me agradecer. Tudo o que você conquistou foi você quem conquistou."

A MENTALIDADE DE CRESCIMENTO

Luiz Fernando é um exemplo do que a psicóloga Carol Dweck, professora da Universidade Stanford, chama de "mentalidade de crescimento". Segundo ela, há dois tipos de mentalidade. Uma é a mentalidade fixa. Nesse grupo estão as pessoas que acreditam que seu nível de inteligência é mais ou menos constante, que seus talentos não mudam muito ao longo da vida. Elas acreditam em dom, vocação, habilidade inata. Outra é a mentalidade de crescimento. Nesse grupo estão os que creem que seus traços são modificáveis, que sua inteligência pode evoluir, que o cérebro se molda e que o talento é construído, mais do que herdado.

"No mundo dos traços fixos, sucesso é uma questão de provar que você é esperto ou talentoso. É validar-se", diz Dweck no livro *Mindset – A atitude mental para o sucesso*. "No outro, o mundo das qualidades mutáveis, sucesso é esticar-se para aprender algo novo. Desenvolver-se." No primeiro caso, o fracasso significa que você não é talentoso. No segundo, fracasso é não alcançar as coisas que quer, é perder uma oportunidade de aprender.

Para Dweck, só a mentalidade de crescimento leva ao progresso.

E isso vale para a vida profissional, para o casamento, para os estudos, para os esportes – para tudo. Em uma de suas pesquisas, ela dividiu uma turma de crianças do quinto ano em dois grupos e deu a ambos os mesmos brinquedos de quebra-cabeça. Em um dos grupos, os pesquisadores elogiaram o talento das crianças: "Nossa, você acertou vários. Deve ser bom nisso!" No outro grupo, os elogios eram para o esforço: "Uau, você acertou vários. Deve ter trabalhado bastante, não foi?"

No início, os dois grupos eram bem semelhantes. Mas, segundo ela, bastou o elogio ao talento para que as crianças do primeiro grupo se inclinassem para a mentalidade fixa. Quando tiveram escolha, uma parcela maior de alunos rejeitou novos desafios. Não queriam fazer nada que ameaçasse o status que haviam conquistado de serem naturalmente bons.

A maioria das crianças do segundo grupo, ao contrário, ficou estimulada e queria mais desafios. Uma delas pediu o nome dos quebra-cabeças para que a mãe pudesse lhe comprar outros.

Quem acredita na mentalidade fixa costuma citar gênios como o compositor Wolfgang Amadeus Mozart ou o pintor Pablo Picasso para justificar que "quem é bom já nasce feito". Os próprios exemplos ajudam a desmistificar a tese. Mozart começou a compor ainda criança, mas suas músicas nessa fase eram basicamente colagens. As verdadeiras obras-primas surgiram depois de mais de 10 anos de prática intensa. Estima-se que Picasso tenha produzido cerca de 50 mil obras, entre pinturas, gravuras, ilustrações, esculturas e cerâmicas. Sua maestria se deve a um dom inato ou ao ímpeto de continuar praticando?

É fácil cair na armadilha da mentalidade fixa. Preconceito e vaidade costumam nos empurrar para ela. Há um certo conforto em nos sentirmos especiais. Tome-se o teste de QI como exemplo.

Quando o psicólogo francês Alfred Binet e seu colaborador Theodore Simon inventaram o primeiro teste prático para medir a inteligência, em 1905, o intuito era identificar alunos com problemas de aprendizado – para dar-lhes atenção especial. Esse teste e os que vieram a seguir acabaram se tornando uma espécie de selo que denotava o grau de capacidade da mente – como se valesse para a vida toda. Um instrumento para medir uma situação transitória se tornou um carimbo que leva a um estereótipo.

CAPÍTULO 9
O ESPÍRITO EMPREENDEDOR VENCE OBSTÁCULOS

Os picolés que derreteram o coração do coronel

"Pelezinho, se você quiser continuar vendendo picolé aqui dentro, todo bimestre vai ter que mostrar o boletim."

Fazia um mês e meio que o niteroiense Wellington Trindade Vitorino, então com 13 anos, vendia picolés no 7º Batalhão de Polícia Militar, em São Gonçalo. Foi então que o coronel Ricardo Quemento Lobasso assumiu o comando do quartel – e construiu a primeira de uma série de pontes na vida do rapaz.

Filho de um padeiro e uma técnica em saúde bucal, Wellington teve sua primeira experiência de trabalho aos 8 anos. Durante o Carnaval, o pai tinha montado uma barraca de comidas e bebidas na praia de Saquarema, também no estado do Rio, e pôs os dois filhos para ajudar nas vendas. Ganhar o próprio dinheiro mexeu tanto com o menino que a partir dali ele queria vender qualquer coisa: bolinhas de gude, doces… Chegou a desenhar um mapa das redondezas, com as ruas que visitava e as que planejava conhecer para encontrar mais clientes.

Em 2007, pouco antes de completar 13 anos, decidiu comprar picolés numa loja do bairro e vendê-los na rua. Seus primeiros clientes foram três policiais militares, que tomaram 13 sorvetes. Na hora de pagar, levaram-no ao quartel para pegar dinheiro. "Foi assim que eu comecei a vender picolés no batalhão", conta. "Só nesse dia eu vendi uns 90 sorvetes. Eu comprava por 45 centavos e vendia por um real, então ganhei um bom dinheiro."

A mãe não gostou nada da história de o garoto vender coisas num batalhão da PM, mas Wellington voltou lá escondido. Um dos clientes o reconheceu e autorizou sua entrada. Alguns dias depois, todos os policiais já o conheciam. "Naquela época eu não era muito de estudar. Queria era trabalhar e ganhar dinheiro", diz. Com a convivência, em pouco tempo ele passou a sonhar em se tornar um PM.

Os próprios policiais o dissuadiram. A maioria deles dizia que ele era um garoto inteligente, que podia ambicionar mais do que aquilo. Então o coronel Quemento arranjou para ele uma bolsa de 50% num bom colégio perto do batalhão.

Temerosa de não ter como pagar a outra metade das mensalidades, a família foi contra a transferência de escola. "Mesmo assim eu assumi o risco", diz Wellington. "Minha avó aceitou ser minha responsável financeira, foi a única louca que acreditou em mim." Para comprar livros e ajudar com os custos da escola, ele começou a trabalhar na padaria de um ex-patrão do pai, Jairo Ribeiro.

Quando estranhou a ausência do "Pelezinho", o coronel Quemento foi informado de que ele estava trabalhando para pagar os livros. No dia seguinte, reuniu um grupo que passou a financiar seus livros, material escolar, uniforme, até uma bicicleta nova para economizar no ônibus (na escola privada, ele perdeu o direito ao cartão de passe livre da prefeitura). Graças a isso, Wellington passou a trabalhar apenas nos finais de semana.

A ajuda obviamente era bem-vinda. Mas logo Wellington percebeu que os favores que recebia não iam durar para sempre. "Será que com 18, 20 anos esse pessoal ainda vai me considerar o mascote do batalhão?", pensava.

O comando do batalhão mudava com frequência e em algum momento, conforme ele crescesse, alguém iria estranhar sua presença ali. "Foi então que surgiu a oportunidade de entrar numa escola técnica de alimentos, uma parceria do governo do estado com o grupo Pão de Açúcar", lembra. "Passei em quarto lugar na prova e fui estudar lá. Parei de vender picolés."

A ajuda do coronel Quemento foi crucial, porém não poderia levá-lo até onde queria. Mas haveria outras pessoas para ajudá-lo.

Na nova escola, Wellington passou a estudar muito, ambicionava ser o melhor aluno. Ao saber que ele se interessava pela carreira de diplomata, uma das professoras disse que ele precisaria saber idiomas e lhe apresentou a irmã, diretora de uma escola, que lhe mostrou o programa Access, que promove a cultura americana para alunos de escolas públicas. Mas o programa só aceitava alunos de 13 a 14 anos – e Wellington tinha 16. "Quando dizem que não é possível, eu sempre acho que talvez haja uma solução", diz. Houve. Ele foi aprovado no programa e passou a estudar inglês no Ibeu, na Tijuca, na zona norte do Rio.

Em 2011, Wellington se inscreveu para o vestibular do Ibmec, mais para testar se algum dia poderia estudar lá – embora não tivesse dinheiro para pagar o curso. A faculdade ficou com seu e-mail e o convidou, meses depois, para uma palestra com Marcos Vono, um paulista que fez carreira como executivo de RH no Santander, na Unilever e no Ibmec. No evento, ao responder a uma pergunta, Wellington impressionou o palestrante, que disse: "Me passe o telefone dos seus pais que eu quero saber a receita que eles usaram. Quando meu filho tiver mais ou menos a sua idade, eu quero que ele seja parecido com você nessa questão de garra, de busca por informações."

Tempos depois, Wellington despejou todas as suas angústias em um e-mail de dez telas que escreveu para Vono. Como resposta, Vono lhe telefonou, marcou um café num hotel em Copacabana e intercedeu para que ele ganhasse uma bolsa de estudos na Escola Parque, uma das mais conceituadas do Rio. "Fica na Barra da Tijuca. É perto da sua casa?", perguntou. "É", mentiu Wellington. De São Gonçalo até lá seriam cerca de três horas de viagem – mas isso não seria obstáculo. Acabou conseguindo uma vaga na sede da Gávea, na zona sul carioca, bem mais perto. Só teria que fazer uma prova de nivelamento.

"Quase gabaritei a parte de humanas, fui na média em redação e português e praticamente zerei em matemática", lembra Wellington. Mas a escola decidiu apostar nele. Vono foi uma espécie de anjo da guarda: ajudava no material escolar e nos custos gerais, pagou sua festa de formatura, levou-o para passar uma semana de férias com sua família em São Paulo. Sua única exigência era a mesma do coronel Quemento: boas notas.

Notas boas só quando passou a dormir perto

No primeiro bimestre, Wellington tirou notas péssimas em seis matérias. "Acho que só não entrei em depressão porque sou muito otimista." No segundo recuperou só uma delas. No terceiro, mais três. No final do ano, passou em tudo. "Eu só comecei a melhorar meu desempenho porque passei a dormir mais perto da escola", diz.

Para chegar à escola na hora, Wellington tinha de acordar às quatro da manhã. Às cinco da tarde, voltava para casa dormindo no ônibus; em seguida tentava estudar até meia-noite. Era uma rotina exaustiva. Então a mesma professora que o orientara antes, encaminhando-o para o estudo do inglês, conseguiu arranjar um lugar para ele dormir: na sala dos professores de uma escola pública no Leblon.

"Eu só podia ir para lá dormir depois das 10 da noite, quando a escola fechava, e tinha de acordar às 5h30, quando os funcionários começavam a chegar." Mesmo assim, foi um alívio e tanto. E um mergulho em uma nova realidade. Até as cinco da tarde, ele convivia com filhos de artistas, profissionais liberais bem-sucedidos e empresários. À noite, encontrava alunos da escola pública, que moravam nas favelas cariocas. Passou a oferecer-lhes aulas de reforço de história, geografia e até matemática – porque a matemática da escola particular era muito mais avançada que a da escola pública.

Wellington é um exemplo de que, quando você quer se ajudar, tem mais chances de atrair ajuda. No final de 2012, prestou vestibular e passou para administração na PUC-Rio e no Ibmec, para direito na UFRRJ e para relações internacionais na UERJ. Como tirou nota máxima na redação do Enem, ganhou uma bolsa do Prouni e pôde estudar no Ibmec.

Já na faculdade, tornou-se monitor de Cálculo 1 e Cálculo 2, Mercados Financeiros e Microeconomia. Ganhou uma bolsa da Casa de Espanha para aprender espanhol, recebeu bolsa do Ibeu para voltar ao curso de inglês (que teve de largar quando foi para a Escola Parque), ganhou uma ajuda de custo da Associação de Assistência ao Adolescente (uma entidade de apoio a jovens com potencial) e uma bolsa para estudar inglês durante um mês em Oxford.

A essa altura, começou a se envolver com a Fundação Estudar. Participou de programas de liderança e decisão de carreira, fez trabalho voluntário. Em 2015, candidatou-se à bolsa da Estudar e foi selecionado. "Meu plano de custo deu R$ 18 mil até terminar a faculdade, mais ou menos R$ 1 mil por mês", conta. "Aí eu dei baixa lá da AAA, para que eles pudessem usar a minha bolsa para ajudar outra pessoa."

Seus planos eram de cursar um MBA fora do país, ganhar experiência em empresas e, mais tarde, passar para a vida pública. "As pessoas me perguntam muito como consegui tudo isso, mas eu digo o seguinte: eu sabia exatamente como entrar no Ibmec? Não! Sabia mais ou menos como tentar, então fui buscando oportunidades e as coisas foram surgindo."

Toda a ajuda do mundo não seria capaz de fazê-lo progredir se não fosse sua força de vontade – e sua mentalidade de crescimento.

"Eu perdi umas oportunidades boas em 2008", diz. Naquele ano, pagou aulas particulares para tentar uma bolsa de estudos numa escola federal e não passou. Ficou triste, mas pensou: "Por que eu não passei? Por falta de capacidade ou por não ter me preparado direito?" Como se responde a essa pergunta define uma escolha de narrativa para a vida: a posição de vítima ou de agente; mentalidade fixa ou mentalidade de crescimento. Wellington escolheu aprender com o fracasso em vez de ser aprisionado por ele. Percebeu que havia resolvido tentar a bolsa muito em cima da hora, o que não lhe deu tempo para se preparar direito. Desde então, procura ter planos sempre para cinco, dez anos à frente.

A história da Fundação Estudar – 2

O trabalho de organizar e expandir... sem perder o espírito de clube

"Na primeira reunião que tive com os fundadores da Estudar, fui toda formal: cabelo arrumado para trás preso com lacinho, terno azul-marinho. Cheguei lá e os três estavam com os pés na mesa, comendo bananas desidratadas de um tupperware. *Fiquei com a impressão de que queriam mesmo me chocar."*

A informalidade pode ter sido um choque para Ilona Becskeházy, mas ela era a pessoa certa para estar à frente da segunda fase da Fundação Estudar. Depois de trabalhar por quatro anos em um banco de investimentos americano, estava à procura de uma ocupação que lhe permitisse voltar a exercer as atividades voluntárias que sempre fizeram parte de sua vida. Nesse momento, foi abordada por Guilherme Dale, um *headhunter* encarregado de encontrar alguém para substituir Aik Brandão no comando da Estudar. Ao checar as credenciais de Ilona, ouviu que se tratava de uma profissional dedicada e trabalhadora.

O Banco Garantia estava se mudando para São Paulo, a Brahma mudava sua sede para São Paulo... e a Fundação Estudar teria de ir também. Naquela primeira reunião na sede do Garantia, ainda no Rio, Ilona foi sabatinada por Jorge Paulo Lemann, Beto Sicupira, Marcel Telles e Claudio Haddad (um dos sócios do trio no banco, hoje presidente do conselho do Insper). Ela se lembra da definição que Marcel deu à Fundação Estudar: "Isto aqui é um clube!"

Quando conheceu o perfil dos bolsistas, Ilona entendeu o que ele queria dizer. Naquela época, a maioria dos candidatos era carioca, de classe média alta, estudara em escolas de prestígio e em boas faculdades – o tipo de gente que tinha formação e informação suficientes para pleitear vagas em universidades do exterior. Sua missão era mudar isso. Por três motivos: o trio queria que a Fundação Estudar fosse mais independente e não estivesse atrelada à sua imagem; a mudança para São Paulo permitiria pôr fim ao bairrismo e ampliaria o alcance geográfico; e eles desejavam expandir sua atuação.

Não era pouco trabalho. Por vários anos, Ilona foi sozinha a "equipe" da Estudar, porque "não contratar ninguém era quase uma religião". A estrutura enxuta combinava com o seu perfil *workaholic*, "maluca mesmo". E tinha muita afinidade com a forma de pensar de Lemann: "Custo é que nem unha – tem de cortar toda semana."

Para divulgar o programa de bolsas, Ilona telefonou para o jornal *Folha de S.Paulo*. "A *Folha* deu uma notinha e colocou o telefone, com o meu ramal. Eu me lembro de pegar o telefone e ouvir a secretária eletrônica: 'You have 120 messages'." As novas ambições da Fundação Estudar exigiam uma nova forma de organização. O processo de entrevistas, por exemplo, não poderia continuar sendo tão subjetivo e realizado por tão pouca gente.

Ilona começou a organizar um grupo de ex-bolsistas que ajudaria nas entrevistas dos candidatos. Também deu os primeiros passos na formalização do programa. "Era preciso institucionalizar. Não podíamos ficar naquela conversa mole de 'Gostei do fulano porque ele tem brilho nos olhos', isso é muito subjetivo", conta. "Tive que estudar bastante para compreender processos de seleção." Ela também contribuiu para "civilizar" as perguntas, que costumavam ser diretas e às vezes até um pouco agressivas. "Aquilo podia ser engraçado na hora, mas era deletério para a imagem de uma instituição séria." O processo precisava ficar mais impessoal, mais robusto, mais burocrático.

Também foi por essa época que os candidatos começaram a participar de dinâmicas de grupo. "Quando o número de bolsas para graduação aumentou, passou a vir muito mais gente, e os candidatos eram mais imaturos, com muito menos história para contar", diz Ilona. "Era preciso fazer dinâmicas de grupo para julgar."

Com o tempo, Ilona até conseguiu um assistente... mas recebeu mais trabalho. Em 1999, Marcel criou o Ismart, que funcionava na mesma sala da Estudar, junto do Garantia – e que também era dirigido por ela.

Em 2001, Jorge Paulo a chamou em sua sala. "Ilona, você já anda tomando dinheiro do Marcel... Você não quer trabalhar para mim também, na minha fundação?" E assim Ilona passou a acumular a direção da Fundação Lemann, criada para apoiar projetos inovadores em educação.

Mesmo com todas as mudanças, a Fundação Estudar manteve seu espírito de clube. Só que um clube maior. Nas primeiras reuniões de bolsistas, ainda na sede do banco, a turma sentava em cima das mesas. Conforme o número de "associados" foi aumentando, eles passaram a sentar no chão. "Como o mobiliário do escritório era todo modulado, a gente tinha de desmontar umas divisórias para caber todo mundo", diz Ilona. Quando nem isso mais era suficiente, passaram a alugar salas de conferência em hotéis.

Uma das grandes forças da Estudar é esse espírito. Sob vários aspectos, a Fundação Estudar é uma espécie de fraternidade, nos moldes das organizações estudantis das universidades americanas: seus membros se identificam com ela para a vida inteira e formam laços centrados no estudo e na convivência.

Em geral, essas fraternidades são conhecidas por um conjunto de letras gregas, iniciais do lema que codifica seus valores – uma tradição iniciada em 1776, no College of William and Mary, uma universidade no estado da Virgínia. A Fundação Estudar não tem um lema. Mas alguns de seus princípios fundamentais têm a ver com o simbolismo de cinco letras gregas:

- Alfa, a primeira letra do alfabeto grego, é o símbolo de liderança e excelência. Se fosse necessário definir a cultura da Estudar com apenas uma característica, seria a busca da excelência. Tem muito a ver com um conceito do guru de gestão Peter Drucker, adotado com extremo sucesso na GE pelo executivo Jack Welch. O preceito de Drucker era: seja o primeiro ou o segundo melhor naquilo que faz. Se não conseguir, mude de mercado. É claro que você não deve se importar com a competitividade em todas as áreas da vida. Mas, naquelas poucas que escolher, tem que se destacar. Tem que elevar a barra.Tem que liderar. Tem que ter um nicho no qual sua atividade faça diferença.
- Delta é a inicial da palavra *diaphorá*, que significa diferença. Tornou-se por isso o símbolo matemático que expressa a mudança (quanto se caminhou do estado inicial até chegar ao estado final). Na Fundação Estudar, esse conceito é traduzido para o campo das conquistas pessoais: ter um delta alto indica que a pessoa caminhou muito mais do que se esperava, dadas as suas condições iniciais. O objetivo é cumprir a trajetória mais longa possível – que se concretiza através de

valores como obstinação, estudo, disposição de pedir e aceitar ajuda.

- Tau significa trabalho e sigma é o símbolo da somatória, outras duas diretrizes da cultura Estudar. Toda conquista vem pelo trabalho: o preparo individual e sua aplicação num esforço em equipe.
- Ômega, a última letra do alfabeto, representa fim, finalidade. (Na Idade Média, Deus era representado pelas letras alfa e ômega, o princípio e o fim. Ainda se veem pinturas fazendo referência a isso em igrejas modernas.) No caso da Estudar, o fim é o começo de tudo. Toda ação deve ter uma meta, um objetivo, e esse objetivo deve ser ambicioso e provocar impacto: deve ser um sonho grande.

PARTE III

ENCONTRAR GENTE BOA

A filosofia Estudar:

- Quando o objetivo é realmente grande, é preciso ter um bom time – pessoas que complementem suas habilidades e compartilhem dos mesmos valores.
- Busque gente melhor que você. Parece um contrassenso, mas, se não há ninguém para tomar o seu lugar, você fica preso a ele: quem não pode ser substituído não pode ser promovido.
- Relações de confiança são construídas com transparência e integridade. Atalhos morais acabam levando a becos sem saída.
- Busque ajuda – e ajude. Assim se constroem relações de longo prazo.

"Líderes de companhias que passam de boas a ótimas começam decidindo não para onde vão, e sim quem vai com eles."

Uma das principais analogias do consultor americano Jim Collins em seu livro *Empresas feitas para vencer - Good to Great* é a que retrata as empresas como ônibus e seus líderes como os motoristas. Contrariamente ao pensamento comum, para Collins, a primeira coisa a fazer na direção de uma companhia não é decidir a estratégia ou o objetivo, nem montar o tríptico de visão-missão-valores: é colocar as pessoas certas no ônibus, tirar as pessoas erradas do ônibus e colocar as pessoas certas nos lugares certos. E manter esta diretriz - primeiro as pessoas, depois a direção - ao longo do tempo, não importa quão difíceis sejam as circunstâncias.

Collins é um dos gurus preferidos de Jorge Paulo Lemann e, por consequência, da Ambev, da Heinz, do 3G... e da Fundação Estudar. Esse conceito em particular está de acordo com uma antiga percepção de Lemann: "Desde muito cedo, percebi que o maior ativo do Garantia era ter pessoas muito boas trabalhando juntas."

Isso fica claro, por exemplo, no modo como Carlos Brito foi contratado. Quando ele perguntou qual seria sua função, recebeu como resposta: "Você vem e aí a gente vê."

CAPÍTULO 10
NADA É MAIS URGENTE QUE GENTE

As prioridades de Bernardo Hees, o "tocador de empresas" do grupo 3G

"Alexandre, você viu o meu currículo?
Eu não entendo nada de ferrovia!"

Essa foi a primeira reação do niteroiense Bernardo Hees ante a proposta de trabalhar na ALL (América Latina Logística), que operava a malha ferroviária do Sul do Brasil e de parte da Argentina. Ao que Alexandre Behring, o carioca que estava assumindo a direção da empresa, retrucou: "Nem eu!"

A missão de Behring era revitalizar a ALL, herdeira da RFFSA (Rede Ferroviária Federal Sociedade Anônima), comprada no processo de privatização promovido pelo Governo FHC. Um dos controladores da ferrovia era o GP Investimentos, de Lemann, Marcel e Beto, no qual Behring trabalhava havia quatro anos. Antes de assumir a ALL, Behring teve a oportunidade de apresentar-se aos bolsistas da Fundação Estudar, para arregimentar talentos para sua nova missão.

Bernardo Hees foi, disparado, o melhor candidato de todos os que Behring entrevistou para o trabalho – possivelmente por ter sido o único. "Ferrovia não era o setor mais atraente do mundo, ainda mais naquela época", recorda Behring. Para sua sorte, Hees estava justamente procurando uma chance de passar do mercado financeiro para o "mundo real", da produção.

O que lhe faltava em conhecimento específico – tudo que sabia sobre o assunto era o que havia pesquisado para montar um *case* dos investimentos do GP, em seu curso de MBA – sobrava em disposição. Quando seu futuro chefe disse que ele seria contratado para um trabalho ainda indefinido, ou seja, para fazer o que fosse necessário, numa estrutura que ainda seria montada e na qual ele provavelmente começaria de baixo, Hees respondeu: "Alexandre, não se preocupe com cargo, com quem vai ser meu chefe, com benefícios, nada disso. Só me dê espaço para trabalhar."

Hees obteve seu espaço, e não parou de conquistar mais. Em um ano e meio já era diretor financeiro da ALL; em 2004 sucedeu Behring como presidente; em 2010 tornou-se sócio do 3G Capital e em seguida começou a comandar a operação global do Burger King; em 2013, migrou para o comando da Heinz; e em 2015 passou a dirigir também a Kraft Heinz, após a fusão das duas companhias.

"Ele entrou no grupo e nunca mais foi embora. A gente está junto até hoje inventando coisas", diz Behring, principal responsável pelas investidas do 3G no mundo das empresas. "Sou muito grato à Fundação Estudar por ter me apresentado ao Bernardo. Ele é o principal sócio em tudo o que tenho feito por aí."

A importância de ter sócios

Durante um café da manhã em Harvard, Ana Gabriela Pessoa teve seus 15 minutos de holofote com Lemann. Como todo bolsista, ela ganhara um cartão, que simbolizava o direito a pedir uma conversa rápida com um dos três fundadores da Estudar. (Nos primeiros anos, os bolsistas ganhavam uma ficha telefônica; hoje, os contatos costumam ser por e-mail ou, muito raramente, pessoais.)

Ana Gabriela iniciou o curso de políticas para a educação em Harvard em 2006, com uma bolsa da Fundação Lemann (cujo processo de seleção é totalmente gerido pela universidade americana, sem interferência dos financiadores) e outra da Estudar. Encantada com o uso de tecnologia na área da educação, teve a ideia de fazer algo nessa linha no Brasil. Mas não conseguiu convencer Lemann. No final do encontro, o empresário disse: "Bom, quando você tiver uma ideia para me apresentar, traga também outro sócio. Porque, se eu for botar dinheiro nesse negócio, vai ter de ter outra pessoa."

Esta é uma importante premissa da cultura disseminada pela Estudar: se existe a clareza de que para ter lucro é preciso assumir riscos, também é evidente que objetivos ousados podem implicar riscos altos demais. Para abrandá-los, costuma-se compartilhar os investimentos. Além de diminuir os riscos, ter outro investidor significa que mais alguém, usando um critério de decisão diferente, concluiu que aquele negócio vale a pena.

No final de 2007, Ana Gabriela começou a pesquisar o que poderia fazer. O próprio Lemann indicou algumas pessoas com quem ela poderia conversar sobre o assunto. Em Harvard, conheceu a empresária Ana Maria Diniz, que se interessou pelo projeto. Quando Ana Gabriela voltou ao Brasil, os três se uniram e criaram a EzLearn Educacional, uma startup pioneira no país, especializada em ensino adaptativo e personalizado (pela internet, o programa vai oferecendo conteúdos específicos para preencher as lacunas identificadas nos testes feitos pelo usuário). "Nosso produto principal era um programa de inglês voltado para a classe C", conta ela.

Ter uma rede de contatos como a da Estudar foi fundamental na hora de empreender, segundo Ana Gabriela. "Montar uma empresa no Brasil não é fácil", diz. "Eu tive boas orientações para fazer as coisas certas. As parcerias, as contratações, o caminho da ética."

Depois de alguns sobressaltos, a empresa começou a crescer e, em

2013, foi vendida para o grupo Multi, de Carlos Martins, criador da rede de escolas Wizard. Passados dois ou três meses, o Multi foi vendido para a multinacional Pearson e Ana Gabriela se tornou diretora de produtos e inovação da empresa no Brasil, comandando uma equipe de 200 pessoas.

CAPÍTULO 11
BUSQUE AJUDA, DÊ AJUDA

E Tábata descobriu suas pontes: o caminho da periferia de São Paulo à Universidade Harvard

"Na mesma semana, eu tive o dia mais feliz da minha vida e o dia mais triste da minha vida."

O dia mais feliz da vida da paulista Tábata Amaral de Pontes foi 8 de março de 2012, quando recebeu uma carta de Harvard informando que ela havia sido aceita para a graduação na universidade americana. O pai, seu maior incentivador, reagiu com euforia quando ela contou a novidade: "Eu sabia! Eu sempre disse que daria certo!"

Quase não deu. Quatro dias depois da notícia, Seu Olionaldo Francisco de Pontes, o pai de Tábata, morreu, em decorrência de complicações causadas pelos muitos anos lutando contra o vício do álcool. "Nessa hora, tudo mudou." A mãe, Maria Renilda Amaral Pires, baqueada pela morte do marido, perdeu o emprego de vendedora em uma floricultura. Diante da situação, a menina de Vila Missionária, subúrbio pobre da zona sul de São Paulo, largou o curso de física que fazia na USP e começou a trabalhar em tempo integral para ajudar nas despesas de casa. Estava tão resignada com o fim do sonho de estudar ciências nos Estados Unidos que nem se deu conta de que também tinha sido aceita nas universidades Caltech, Columbia, Yale, Princeton e da Pensilvânia.

O trabalho de Tábata não era usual para uma menina de 18 anos: dava aulas de química para alunos um pouco mais velhos que ela, em uma turma de preparação para o vestibular do ITA, e de astronomia para alunos um pouco mais novos, do ensino médio do colégio Etapa. Ganhava cerca de R$ 2 mil, mais do que a antiga renda que os pais tinham juntos.

Sua história é um exemplo de superação – não apenas das condições financeiras adversas, mas também de uma visão de mundo que poderia ter limitado seus horizontes. Crescendo na periferia da maior cidade da América Latina, Tábata acreditava que a vida era marcada por um enorme fosso. "Eu costumava pensar: 'Poxa, tem tanta gente sofrendo... Eu já perdi tantos amigos por causa de álcool, violência, drogas...' E eu meio que culpava as pessoas ricas. Na minha opinião, elas não estavam fazendo nada para ajudar os outros."

Era uma visão maniqueísta: os pobres sofrem, os ricos não dão bola – e esses dois mundos não se misturam. "Se você me perguntasse quando eu tinha 12, 13 anos, eu diria que as pessoas ricas são do mal", diz. Esse conceito começou a mudar por causa da matemática.

Quando estava no sexto ano, Tábata ganhou uma medalha de prata na Olimpíada Brasileira de Matemática das Escolas Públicas, a OBMEP, promovida pelo Instituto de Matemática Pura e Aplicada (IMPA). O prêmio era uma bolsa de iniciação científica júnior, bancada pelo governo, com aulas aos sábados a cada duas semanas – no seu caso, no colégio Etapa, que ficava a uma hora e meia de viagem da sua casa.

No ano seguinte, Tábata ganhou outra medalha na Olimpíada, dessa vez de ouro, o que lhe garantiu a permanência nas aulas de fim de semana. "Aquilo mudou a minha vida", conta. Primeiro, porque ela se apaixonou pelo conteúdo. "Era muito mais desafiador do que a escola, muito mais divertido." Em segundo lugar, porque com os R$ 100 mensais da bolsa (fora o vale para lanche), o pai pôde construir todos os quartos da casa em que moravam. "Foi uma época muito bacana para mim", lembra.

Mais que o revigorado interesse pelo estudo e a conquista de um quarto, o Etapa representou o início de seu processo de mudança de mentalidade. A partir dali, sua experiência mostrou que havia pontes sobre aquele fosso. Que o estudo podia ser um passaporte para mudar de vida, e que havia muita gente disposta a ajudá-la – a começar pela própria direção do colégio, que, após o término do programa do governo, lhe concedeu bolsa de estudos integral, a partir do oitavo ano.

A transferência de escola foi um baque. O prédio de 13 andares do Etapa no bairro de Vila Mariana, região central de São Paulo, lhe parecia incrível. Conheceu gente que gostava de estudar como ela. As aulas eram muito mais difíceis: nunca havia estudado química, física e biologia, e os alunos de lá tinham essas matérias desde dois anos antes.

E havia os sapatos... Tábata notava agora que seus sapatos não eram tão legais. "Eu tinha vergonha da minha roupa, porque o pessoal lá é muito elegante e muito bem de vida." No novo ambiente, ela começou a ter mais sonhos. Com uma faculdade, por exemplo. "Eu nunca tinha pensado sobre isso", diz. "E no Etapa isso não era nem uma pergunta..."

Nesse primeiro ano no novo colégio, Tábata focou seus esforços em alcançar o nível da turma. Eram tantas matérias diferentes que ela não participou das olimpíadas de ensino. Mesmo assim, foi convidada pelos organizadores para ir à cerimônia de entrega de medalhas. Viu quando os vencedores receberam, de lembrança, uma camiseta preta com estampa das olimpíadas. E chorou por não ganhar uma.

"Era uma coisa boba, mas aquilo mexeu comigo", diz Tábata. Naquele momento ela percebeu que não tinha dado o seu máximo. Recebera uma oportunidade incrível, de estudar num colégio de ponta, e tinha se acomodado, se dedicando "apenas" ao estudo normal. Emocionada, lembrou-se de uma palestra a que havia assistido no colégio sobre o MIT e prometeu ao pai que iria participar de uma olimpíada internacional e um dia estudaria lá.

No ano seguinte, Tábata ganhou sua tão cobiçada camiseta... mas dessa vez a organização distribuiu o brinde para todos os concorrentes, não só para os vencedores. O que ninguém mais ganhou foram as oito medalhas que ela levou para casa. A partir dali, tornou-se participante assídua das olimpíadas. No segundo ano do ensino médio, foi para a China, para a competição de astronomia e astrofísica, em sua primeira viagem internacional. Em seguida foi para a Turquia, para a Olimpíada de Química. Foi por causa desse histórico que, ao se formar no ensino médio, Tábata começou a dar aulas no próprio Etapa.

Além do apoio do Etapa, Tábata encontrou outras pontes para sua travessia. Aprendeu inglês com bolsa do Cel Lep, apresentada pela mãe de um colega, que tinha contatos no curso. Recebeu apoio do instituto IL Rio (que mais tarde se associou à Fundação Estudar) e do governo americano para fazer as inscrições em faculdades nos Estados Unidos.

Por sua vez, ela começou a construir pontes para os outros. Em 2009, criou com amigos do colégio o Projeto Voa, para dar aulas extras a estudantes de escolas públicas. "Vários alunos nossos no Voa ganharam bolsa em colégios de ponta", diz Tábata. "Fizeram o caminho que eu fiz: olimpíadas." De 2009 até o final de 2015, cerca de 500 jovens tinham assistido às aulas no projeto.

A quase desistência

Em 2013, Tábata passou no vestibular de física, na USP, e estava fazendo suas inscrições para universidades no exterior. Já tinha ouvido falar da Fundação Estudar, mas achava que era "uma coisa elitista". Mesmo assim, entrou no processo de seleção – mas não o concluiu.

Para convencê-la a não perder a oportunidade de estudar no exterior depois da morte do pai, um grupo de professores e diretores do Etapa pagou-lhe uma passagem para que conhecesse as faculdades nas quais tinha sido aprovada. Foi uma viagem repentina. "Eu não me preparei, não falei com ninguém, nem levei roupa de frio", lembra. A viagem era justamente na época das etapas presenciais do processo da Estudar. Pelas regras, quem falta às entrevistas é eliminado. Tábata tentou argumentar, mas acabou desistindo.

De todas as faculdades que visitou, Harvard foi a de que menos gostou. A alça da mala quebrou, ela perdeu o ônibus em Nova York e não conseguiu assistir ao primeiro dia de orientação, chovia muito e ela não tinha casaco... "Eu não venho para este lugar nunca!", pensou. Mas teve um sonho ruim com a faculdade que havia escolhido e acabou revendo sua decisão. Foi para Harvard. Lá conheceu Daniel Vargas, um bolsista da Estudar, que a convenceu a se inscrever de novo. Em 2014, entrou para a instituição... e Daniel virou seu mentor.

As conexões da rede: a bolsista, os empresários e o ministro

Um exemplo de como as conexões da Estudar têm várias frentes e longo alcance é a história do próprio Daniel Vargas, um mineiro que chegou a assumir o cargo de secretário de Assuntos Estratégicos no Governo Lula, um posto com status de ministro. Quando terminou seu doutorado em Harvard, em 2013, com uma bolsa da Fundação Estudar e outra da universidade, Vargas foi convidado por Lemann para coordenar um grupo de líderes que debatiam periodicamente na universidade americana propostas de melhoria da educação brasileira.

"Durante quase um ano eu ajudei a organizar o trabalho desse grupo de grandes empresários, líderes congressistas de diversos partidos, representantes da sociedade civil", diz Vargas. Esse trabalho, em que uma das frentes era identificar as prioridades para a educação brasileira, ligou-se a uma iniciativa de Tábata, que se tornara sua mentorada na Estudar. Sob sua orientação, ela e alguns colegas lançaram o Mapa do Buraco, um minucioso levantamento dos problemas da educação e de algumas soluções promissoras apontados por quem está mais próximo do assunto: os estudantes. O documento final foi entregue aos então presidenciáveis Dilma Rousseff e Aécio Neves – que enviaram seus representantes na área de educação para um debate na FGV.

Mais ou menos na mesma época, o professor de Harvard Roberto Mangabeira Unger voltava ao governo, dessa vez durante o Governo Dilma. Em sua passagem anterior, no segundo mandato de Lula, como secretário de assuntos estratégicos, Mangabeira convidara Vargas para trabalhar com ele. Em alguns meses, Vargas virou chefe de gabinete de Mangabeira, depois secretário de desenvolvimento sustentável, em seguida secretário executivo. Em 2009, quando terminou o período de licença de Mangabeira e ele teve que voltar à universidade, Vargas se tornou ministro interino da Secretaria de Assuntos Estratégicos durante alguns meses.

Naquela primeira passagem pelo governo, Vargas tinha acabado de completar 30 anos e estava numa posição de peso considerável. Mas ponderou que não tinha sustentação política para alçar outros voos e decidiu voltar para o doutorado em Harvard.

Já em 2013 a missão que Mangabeira lhe confiou era diferente. Ele se tornou o responsável por coordenar as políticas de qualificação do ensino básico dentro do projeto Pátria Educadora, que Dilma havia lançado. Vargas foi o elo entre as propostas levantadas pelo grupo de Harvard (de mais de 100 líderes de diversos setores brasileiros), as pesquisas de soluções como as do Mapa do Buraco e o trabalho de especialistas na secretaria. Com o avanço da crise, porém, a Secretaria de Assuntos Estratégicos foi extinta e o projeto, engavetado. "Acho que a qualidade intelectual dos projetos formulados pela SAE em educação é exemplar", diz Vargas. "Minha expectativa é que, quando a poeira baixar, esses projetos sejam resgatados, talvez com uma nova cara, mas com a mesma essência. Eu espero que eles se tornem realidade."

SELECIONAR, CATIVAR, CUIDAR

Cercar-se de gente boa parece um conselho óbvio. Dificilmente alguém diria o contrário: "Cerque-se de gente incompetente." Mas o difícil não é entender o conceito. É praticá-lo, consistentemente. Na Estudar, isso é quase uma religião.

Um exemplo disso são o tempo e a energia dedicados à seleção dos bolsistas a cada ano. Em uma das etapas finais do programa para escolha dos cerca de 30 candidatos que serão aceitos na rede da Estudar, reúnem-se não só os três fundadores, mas o comitê executivo, o conselho e vários bolsistas envolvidos com a Fundação Estudar. São cerca de 40 profissionais de alto escalão do mercado financeiro, empresas, ONGs e serviço público, que fazem uma pausa em suas atividades para observar a conclusão do processo. Ninguém encara isso como boa ação para jovens necessitados (pelo menos não como fator principal). Trata-se de investimento. E de inspiração.

Essa preocupação com as pessoas é um traço fundamental da Estudar. "No meio do nada, assim, às vezes o Beto me ligava", lembra Bernardo Hees. "Uma vez eu estava num terminal de trem em Mato Grosso e o Beto me telefonou. 'Bernardo, estou ligando para saber como você está, como é que estão as coisas. Quando estiver em São Paulo, me procure', disse ele. E todo final de ano me mandava um livro, alguma coisa com um recado para mim."

João Castro Neves também coleciona experiências desse tipo: "Para um moleque de 28, 30 anos, acabando de sair do MBA, o presidente da empresa vir entrevistar você... E não só entrevistar. O Marcel (Telles) ainda contou uma história para me encantar. Ele falou: 'João, nós vamos fazer aqui na Brahma uma mistura de McKinsey com Goldman Sachs, que é para a gente crescer pelo mundo.' Eu respondi que, se fosse metade do que ele estava planejando, já estava ótimo."

Quando o advogado Marcelo Barbosa recebeu sua bolsa para o mestrado em direito da Universidade Columbia, em 1996, o sócio responsável pela gestão do Garantia, Claudio Haddad, falou: "Puxa, eu vou bastante a Nova York, vamos nos encontrar um dia." Barbosa respondeu que seria um prazer, mas achou que nunca mais o veria. "Imagina, tanta coisa que ele tem para fazer, não vai perder tempo acompanhando um estudante em Nova York", lembra-se de ter pensado. "Acho que poucas vezes na vida eu quebrei a cara de uma maneira tão completa." Haddad foi almoçar ou jantar com ele três ou quatro vezes, apresentou-o ao diretor jurídico do banco, serviu como seu mentor e ofereceu-lhe um emprego. "Eu era um estudante duro, aquelas foram as únicas refeições realmente boas que fiz na época. Mas a proposta veio logo no começo do almoço, fiquei nervoso, nem aproveitei a comida", diz.

Barbosa não aceitou o emprego – sem nenhum prejuízo para a relação dos dois. Voltou ao Brasil, para trabalhar na Vieira Rezende Advogados, firma que tinha aberto com alguns amigos antes de ir para os Estados Unidos. Anos mais tarde tornou-se presidente do conselho da Fundação Estudar.

CAPÍTULO 12
CULTIVE UMA REDE QUE O INSTIGUE

Networking é pouco. Você precisa de netgrowing

"A gente começou com pouca grana.
Se não me engano, uns US$ 7 ou 10 milhões.
Hoje a gente administra algo em torno de US$ 1 bilhão."

Na adolescência, o baiano Claudio José Carvalho de Andrade ganhou um concurso de redação promovido pelo Banco do Nordeste. O prêmio era uma bolsa de estudos que cobria os três anos de ensino médio. Os pais – um funcionário da Petrobras e uma professora de português – continuaram a pagar sua escola e ele guardou o dinheiro para fazer faculdade em São Paulo. Em 1989, preparou-se e passou no vestibular para a Escola de Administração de Empresas de São Paulo (EAESP) da Fundação Getúlio Vargas.

Na época, o Banco Garantia já era famoso, principalmente pela compra da Brahma. Por isso a palestra na GV do sócio gestor do banco, Claudio Haddad, foi extremamente concorrida. Claro, havia também o fato de que o Garantia distribuía bolsas de estudo a jovens talentosos... Claudio Andrade foi um dos escolhidos. Em seguida, também foi escolhido para trabalhar no banco.

Em 1993, quando a Fundação Estudar já estava estruturada, o programa de bolsas do Garantia foi suspenso. Quem era bolsista recebeu a chance de migrar para a Estudar – mas tinha certa desvantagem: ali a bolsa carregava o compromisso moral de devolução do dinheiro. "Eu não tive nem a oportunidade de pensar, o meu chefe na época falou: 'Para você não é opcional!'"

A princípio, a ajuda que Claudio enxergava na bolsa da Estudar era apenas financeira. "O fato de ter alguém pagando a minha faculdade fez uma grande diferença, pois o curso era caro. Por causa dessa ajuda, consegui juntar dinheiro para um intercâmbio na França." Durante seis meses, fez cursos de finanças na Escola Superior de Comércio de Montpellier. Na volta, quando começou a participar dos encontros de bolsistas, ele passou a dar outra importância à Fundação Estudar.

"O Banco Garantia e a GP Investimentos tinham se mudado para a Avenida Faria Lima, nos Jardins, e as reuniões eram no mezanino do prédio. No primeiro encontro era muito pouca gente, não devia ter nem 20 pessoas", lembra. "Depois a GP se mudou para outro prédio, na esquina da Faria Lima com a Juscelino Kubitschek." Nesses encontros, muito informais, com as pessoas sentadas no chão e tomando refrigerante em copos de plástico, os bolsistas ouviam os acionistas e convidados ilustres (políticos, economistas, empresários), discutiam suas angústias e perspectivas e às vezes eram assediados com propostas de trabalho. Com exceção da dimensão das salas de reunião – hoje bem maiores para abrigar muito mais gente –, a prática continua essencialmente a mesma.

À primeira vista, este parece ser o caso clássico de *networking* – a montagem de uma rede de contatos que amplifica suas possibilidades profissionais. Esse componente existe entre os bolsistas, claro. Porém, muito mais do que o foco em uma rede instrumental de acesso a oportunidades, o intuito da rede é o desenvolvimento pessoal e profissional, a disseminação de valores e a potencialização de impactos: um *netgrowing* (rede de crescimento).

"Não se trata de uma rede de contatos", diz Ricardo Garcias, dono da Satelital, uma empresa de fidelização que presta serviços para clientes como Bradesco, Itaú e American Express. "Longe disso. Essa rede é o que um pode aprender com o outro, o que um pode influenciar o outro, o que eu posso aprender até mesmo com um moleque de 19 anos como o Henrique Dubugras, que é meu mentorado. Eu aprendo para caramba com ele."

A rede da Estudar tem influências de duas vertentes. Uma são as associações de ex-alunos (*alumni*) de universidades. Especialmente nos Estados Unidos, elas formam redes em que os membros ajudam sua *alma mater* (a universidade), apoiam-se uns aos outros e se beneficiam do status de pertencer àquela elite. Outra vertente são as associações de classe – como a Young Presidents' Organization (YPO), por exemplo. Nelas, os membros encontram pessoas com problemas similares, gostos parecidos, nível de conhecimento semelhante, etc., e trocam experiências.

Mas, por ter em sua base uma cultura peculiar, a rede da Estudar possui um componente extra: um senso de missão, traduzido no mote do alto impacto. Ali são estimulados os sonhos grandes que produzam efeitos benéficos para o país.

"Além da ajuda, que faz diferença até na autoestima, além do *networking*", conta Claudio Andrade, "eu sempre usei o canal da Estudar como uma espécie de mentor, como um grupo de pessoas que me ajudaram a pensar sobre grandes decisões na minha vida. Como uma caixa de ressonância para reflexões."

Claudio se beneficiou dessa ajuda quando decidiu montar, junto com um colega, a gestora de fundos Polo Capital Management, hoje bilionária. Em 2002, porém, após nove anos como empregado de banco e meio ano sabático, ela geria, basicamente, as economias dos dois sócios (ele e Marcos Duarte).

A decisão de montar o negócio não foi a mais complicada. Depois do salto, vem o dia a dia, a desafiadora rotina. "Quando você tem uma empresa, depara com tantas situações de 'Vou por aqui ou por ali'... A Fundação Estudar me possibilitou ter uma rede de pessoas com quem trocar ideias e debater."

"E isso te faz ter ambições mais altas, te faz crescer"

"Existe uma linha imaginária que passa por todas as pessoas da Fundação Estudar", diz Hugo Barra, ex-vice-presidente de operações globais da Xiaomi. "Pessoas que já eram boas antes de se aproximar da Estudar, mas que por alguma razão se unem e se tornam parte do mesmo grupo. E todos absorvem essa mentalidade, esses valores, esses princípios, essa forma cristalina de pensar. Isso inspira você a agir da mesma forma, a tentar pensar da mesma forma, a olhar para os problemas e para os desafios dos negócios da mesma forma. E faz você melhorar, ter ambições ainda mais altas, pensar com mais clareza e crescer. Além disso, é revigorante encontrar pessoas da fundação, porque são realizadoras."

Gente realizadora não nasce pronta. Em geral, a primeira manifestação da vontade de provocar impacto é a inquietude, muitas vezes encarada como um traço negativo de personalidade. Fazer parte de uma rede como a Estudar ajuda a perceber que não, que inquietude não é para ser domada – é para ser desenvolvida. (Ao perceber isso, mais tarde, a Fundação Estudar criou redes também em seus cursos de carreira e estimulou as pessoas a criar redes próprias de gente com atitudes semelhantes.)

Com essa mentalidade, o *networking* fica mais poderoso. "A bolsa ajudou muito, claro, porque fazer faculdade lá fora é muito caro", conta Pedro Franceschi, cofundador da empresa de pagamentos Pagar.me. "Mas a rede é muito mais importante. Acabei conhecendo investidores, clientes, mentores. Só de clientes para a nossa empresa vieram uns 40 pela Fundação Estudar. Gente que não chegaria de outro jeito."

A escada precisa ter vários degraus

Uma máxima que se tornou lugar-comum na Estudar é que, naquele ambiente, buscar talentos é como pescar no aquário. Claudio Andrade encontrou ali André Peixoto, que levou para ajudar na recuperação da Casa&Vídeo, uma das empresas em que seu fundo investe. Garcias, da Satelital, encontrou um sócio para a empresa que lançou em seguida, a Bravium. "As chances de sucesso aumentam quando você traz alguém com selo de qualidade e que tem os mesmos valores que você", diz Garcias.

A mesma lógica vale para outras situações nos negócios. "Quando a ALL foi comprada pela Rumo Logística, do grupo Cosan, um dos nossos pontos de atenção era como seria a relação com os novos interlocutores na ferrovia", diz o paranaense Makoto Yokoo, diretor de logística da multinacional de alimentos e bioenergia Bunge. "Aí fui conhecer o responsável pela ALL dentro da Rumo, o Pedro Palma. Ao contar sua história, Pedro disse que seu MBA em Londres tinha sido parcialmente financiado pela Fundação Estudar. Naquele momento criou-se uma afinidade instantânea, porque nós sabíamos que compartilhávamos valores semelhantes."

Esse não é um efeito exclusivo da Estudar. A descoberta de afinidades normalmente tem o poder de quebrar barreiras. O que é peculiar na rede, segundo diversos bolsistas, é seu poder de inspirar e reforçar os seus valores.

"Não conheço nenhum grupo que faça as provocações que a Fundação Estudar faz sobre vontade, ter um sonho grande, meritocracia, retribuir à comunidade", diz Makoto. "Além disso, as histórias dos bolsistas servem de grande inspiração para a criação das minhas filhas. Ver jovens com conquistas tão incríveis tão cedo na vida me dá uma referência que eu gostaria que influenciasse o crescimento delas."

Essa inspiração tem origem na trajetória vitoriosa dos três fundadores, mas o maior motor da rede é a própria rede – é ter exemplos de sucesso em diversos estágios, nas mais diferentes condições.

"Como disse o Claudio Andrade num painel de seleção de bolsistas, essa história de crescimento é parecida com alpinismo", diz Makoto. "Você está na base da montanha, sabe que quer chegar ao pico, mas não sabe direito qual é o caminho até lá nem qual pico é o melhor para você. Só que, com vontade e resiliência, a cada passo que você dá, enxerga os pontos intermediários, que vão clareando o seu caminho até o topo."

Os grandes exemplos recebem reverência e entregam referência. Mas são os exemplos próximos que ensinam como dar o próximo passo. "Para entusiasmar meu filho, não adiantou levá-lo para assistir a uma palestra do Jorge Gerdau (da Siderúrgica Gerdau)", diz Marcel Telles. "Aquele negócio é tão grande, tão fora da curva, tão espetacular que está totalmente fora do alcance. O que anima um jovem é uma conversa com um garoto de 25 anos que batalhou e conseguiu fazer alguma coisa."

De acordo com o professor Jerker Denrell, da Escola de Negócios Warwick, no Reino Unido, mirar em exemplos próximos faz todo o sentido. Ele afirma que quanto mais bem-sucedida é uma pessoa, mais difícil é dizer o que a levou ao sucesso, por causa dos efeitos da sorte e de outras variáveis. É como a previsão do tempo: os meteorologistas conseguem estimar com bastante precisão o clima nos próximos dias. Mas, em prazos mais longos, minúsculas variações, imperceptíveis agora, levam a enormes diferenças nos possíveis cenários.

Isso sem falar que, quando atingem o sucesso, as pessoas tendem a reescrever a própria história, porque as convicções atuais modificam sua memória. Por tudo isso, diz Denrell, é melhor aprender com pessoas que vão bem mas estão apenas alguns degraus acima de você. É mais fácil entender quais ações e habilidades fizeram efeito para aquele pequeno salto.

"Sempre me espelhei em figuras que estavam num estágio de realização muito acima do meu", diz a bolsista Giuliana Reis. "Quando entrei na Fundação Estudar, pela primeira vez me inspirei em pessoas de um nível parecido, que eu podia pegar o telefone e ligar para elas, pessoas que também tinham defeitos, com quem eu podia conversar numa mesa de bar. Isso teve um impacto gigantesco na minha vida."

A História da Fundação Estudar – 3

A missão de encontrar mais gente em mais áreas

"Se fosse este ano, eu não passava."

A frase é dita, em algum momento da entrevista, por quase todos os bolsistas da Fundação Estudar. Desde o primeiro deles, João Castro Neves, da turma de 1991, até quem foi aprovado há bem pouco tempo, como Wildiner Batista, de 2012. "No meu ano foram 6 mil candidatos, agora são 60 mil", diz ele.

Não é só a quantidade de candidatos que torna o funil mais apertado. As qualidades que eles devem demonstrar mudaram. Isso tem a ver com a evolução da própria Fundação Estudar – e do país. "A barra está subindo", diz Claudio Andrade, bolsista de 1993. "Mas eu acho que o mundo também está mudando, e o que era um candidato diferenciado há 20 anos significa outra coisa hoje."

É um mérito da Fundação Estudar ter conseguido acompanhar a mudança dos tempos. No início da década de 1990, quando foi criada, o ambiente de negócios no Brasil era bem menos sofisticado. O país havia saído da ditadura militar poucos anos antes e seu mercado era fechado e protegido, de pouca inovação. Quase nenhum brasileiro fazia especialização em negócios. Por isso, a formação obtida em um MBA no exterior tinha um potencial de impacto enorme no mercado brasileiro.

Com o tempo, porém, nossa cultura empresarial evoluiu – tanto pelo sucesso de empresas com perfil mais profissional, que se tornaram modelos a ser repetidos, quanto pela abertura do mercado ao mundo, que expôs os empresários às práticas mais modernas de gestão. O aumento do número de executivos que tiveram experiência no exterior – uma tendência para a qual a Fundação Estudar contribuiu – também ajudou a elevar o patamar de competência dos brasileiros.

Não é que o Brasil de hoje seja um modelo de dinamismo e competitividade. Mas temos vários exemplos de companhias de nível internacional. E, dentre elas, muitas adotam valores similares àqueles que foram implementados na Fundação Estudar.

Por isso, na virada do milênio o comando da Estudar chegou à conclusão de que o ambiente de negócios estava razoavelmente bem estabelecido. Valia a pena, a partir daquele momento, estimular a excelência também em outros campos. Foi um processo gradual – somente em 2014 passaram a ser aceitos candidatos de qualquer área. "Os primeiros cursos fora da área de negócios a serem apoiados pela Estudar foram políticas públicas e relações internacionais", conta a americana Elatia Abate, a terceira supervisora da Fundação Estudar.

Formada em ciências políticas pela Universidade de Chicago, Elatia assumiu a diretoria da Estudar em 2003. Ela havia se mudado para o Brasil no ano anterior por causa da situação do mercado americano depois do estouro da bolha das pontocom e dos ataques terroristas de 11 de setembro. Elatia falava espanhol, e em dois meses e meio aprendeu português bem o suficiente para ingressar como voluntária no programa de bolsas da Estudar.

Se desde o início a Fundação Estudar tinha a preocupação de apoiar gente talentosa a cursar universidades de prestígio, coube a Elatia também incorporar iniciativas paralelas de desenvolvimento profissional e *networking* para alavancar suas carreiras.

Nessa fase, a rede da Estudar se tornou mais densa. "O objetivo final das bolsas é que os estudantes voltem para o Brasil para aplicar o conhecimento adquirido", afirma Elatia. "Era preciso mostrar a eles que o mercado brasileiro era atrativo o bastante." Assim, foram criados eventos para aproximar os bolsistas uns dos outros e também de grandes empresas que pudessem absorvê-los. O número de parceiros estratégicos também aumentou, e foi criada uma diretoria formada por ex-bolsistas com o intuito de aumentar sua proximidade com a Estudar.

A guerra dos clones

Quatro anos depois, em 2006, a sucessora de Elatia, Thais Junqueira, teria o desafio de tornar o programa mais conhecido. Naquela altura, a média de inscritos por ano era de 400 pessoas. Era um vestibular difícil, uma média de 10 candidatos por vaga. Mas a Fundação Estudar queria "subir a régua" – expressão até hoje usada nos encontros de bolsistas.

Formada em administração pública na FGV, Thais vinha da Brava, a fundação criada por Beto Sicupira para apoiar projetos de melhoria da gestão pública brasileira. Sua peregrinação por colégios e universidades nas cinco regiões do país durante alguns anos, realizando muitas reuniões com estudantes, pais, professores, diretores e reitores, surtiu efeito. O número de inscritos subiu para 3.500, daí para o dobro e assim por diante. O programa de bolsas passou a contar com etapas locais em dez estados.

"Como mais gente começou a participar, o processo seletivo teve de ficar mais refinado", conta.

A essa altura, outra expressão se tornou comum na Fundação Estudar: "Não queremos clones." Traduzindo: a Estudar não queria mais jovens com perfil muito certinho, que prometiam repetir a trajetória dos que vieram antes. Causar impacto, hoje, é uma ideia muito ligada à inovação. Busca-se quem queira produzir histórias novas.

A própria visão de mundo dos jovens do novo milênio é outra. "Ninguém mais quer ser o Jack Welch", diz Ricardo Garcias, um dos ex-bolsistas selecionadores de candidatos. "Hoje eles querem trabalhar numa ONG ou abrir um negócio. Aquela história de entrar numa empresa e fazer carreira já não é mais o sonho de todo mundo."

Os perfis dos candidatos podem ter se modificado, mas a Fundação Estudar manteve seus requisitos primordiais: notas muito boas, demonstração de compromisso com a excelência e ambição de ir longe, de provocar impacto no país. As histórias que os candidatos são capazes de contar sobre si mesmos e o delta que apresentam também continuam sendo cruciais – eles mostram o que foi realizado, e a disposição de realizar mais.

A grande mudança aconteceu no processo de seleção. No início, sobressaía o estilo, digamos, não muito politicamente correto das entrevistas. "Você vai gastar meu dinheiro com namoradas?", perguntou Beto Sicupira a Bernardo Hees, hoje executivo-chefe da Kraft Heinz nos Estados Unidos. "Beto, se sobrar algum, eu acho que vou, sim", respondeu ele.

Daniela Barone, outra bolsista dos primeiros anos, tem uma lembrança viva desse estilo: "Eu estava sentada bem perto do Beto. Então ele inclinou a cadeira para trás e colocou aquele pezão em cima da mesa, praticamente na minha cara. Era um estilo mais agressivo, mas eu até gostei", diz ela. "Você sabe onde está pisando. Dava para perceber sinceridade, não existia nenhuma intenção oculta."

Com o tempo, certos exageros foram "disciplinados" – como o do dia em que Marcel Telles desafiou os candidatos a comprar um Viagra sem receita (eles foram parados antes de chegar ao elevador). Assim como fazem as grandes universidades estrangeiras, a seleção passou a contar com a ajuda de ex-bolsistas para a triagem dos candidatos. A participação de mais gente e a necessidade de comparar avaliações tornou imprescindível explicitar métodos, organizar as perguntas e refletir sobre o que se queria.

Mas as perguntas duras e diretas permanecem. Em muitos momentos, os selecionadores tiram os candidatos da sua zona de conforto, tentando extrair respostas instintivas, diferentes daquelas ensaiadas. "A gente tenta enxergar as reações do candidato em situações de pressão", diz Beto Sicupira. "Porque na vida vai ser assim." Especialmente na entrevista final, os candidatos são provocados, às vezes jogados uns contra os outros, para testar também sua competitividade. Um desafio clássico é perguntar para o grupo: "Vocês são quatro, mas nós só podemos dar três bolsas; quem você eliminaria e por quê?" Essa é uma das poucas perguntas que têm resistido ao tempo – porque para ela não adianta estudar, ensaiar, decorar. Não existe resposta certa.

PARTE IV

INVESTIR EM CONHECIMENTO

A filosofia Estudar:

- O conhecimento não deve ser um fim em si mesmo. Deve ser uma ferramenta para a ação.
- Não saber não é motivo para não fazer. Ao contrário, é o primeiro passo para ampliar suas habilidades.
- A pressa é um sintoma da vontade de realizar. É fazendo que se aprende.
- Inovar é bom. Mas antes de inovar é preciso buscar os modelos já existentes e aprender com eles: copiar antes de inventar.

"Vai ficar falando comigo?
Você precisa é ir lá ver esses caras,
vai lhe abrir um horizonte muito maior."

Uma semana antes de dizer isso para Henrique Dubugras, Jorge Paulo Lemann lhe mandou uma foto, pelo celular, de Evan Spiegel, com quem se encontrou num jantar nos Estados Unidos. "Esse cara tem 25 anos e é um dos fundadores da Snapchat, que está avaliada em US$ 20 bilhões", escreveu.

Henrique e seu sócio, Pedro Franceschi, viveram um dilema em 2014 e 2015: sua empresa ia tão bem, como largá-la para estudar fora? Os mentores se dividiam sobre qual seria a melhor decisão. Para Lemann, ir para Stanford, no coração do Vale do Silício, era uma rara oportunidade de enxergar um mundo mais amplo, conhecer "os caras" que fazem acontecer em uma escala muito maior do que no Brasil. "Em vez de você ganhar R$ 1 bilhão, vai poder ganhar R$ 20 bilhões." O conselho de Marcel Telles era o oposto: "Não pare agora que você está ascendendo. Ligue para a faculdade e peça para eles prorrogarem a inscrição por mais um ano."

Em 2014, o conselho de ficar prevaleceu. Em 2015, o próprio Marcel mudou de ideia. "Estava na hora de eles construírem tudo de novo, só que muito maior", disse.

Essas orientações tinham a ver com a própria experiência de Jorge Paulo e Marcel. "Não tenho a menor dúvida de que estudar fora abriu horizontes incríveis para nós. Se eu não tivesse tido acesso à Goldman Sachs, nossa cultura talvez não existisse", afirma Lemann.

Marcel, ao contrário, teve uma formação eminentemente prática. "Só fui estudar fora muito depois, quando fui fazer o OPM (Owner/President Program, um curso para donos ou executivos-chefes de grandes companhias), que é um MBA para burro velho."

As diferenças no modo de encarar os estudos, porém, são mais aparentes do que reais. Jorge Paulo detestava a faculdade – só deu valor à sua formação anos depois. "Acho um pouco exagerado esse negócio de faculdade. Que é bom, é. Tudo lá é de qualidade. Mas os caras de Harvard vendem aquilo como se fosse uma bolsa Louis Vuitton, uma qualidade extraordinária, uma coisa exclusiva. Isso me irrita um pouco."

Lemann desgostava tanto da faculdade que voltou mais cedo para o Brasil. Mas não porque abandonou o curso. "Eu me formei em 1960, antes da minha turma. Eu não gostava de lá, então fui embora antes, mas terminei o curso." Em 2014, Harvard decidiu lhe dar o diploma que ele nunca tinha ido buscar, num evento com meio século de atraso.

Estudar não é o fim, é o meio

Curiosamente, para uma fundação cujo nome é Estudar, estudar não é o objetivo – é um meio. O valor do conhecimento, para a cultura Estudar, é o valor criado quando ele é usado.

É claro que a instituição considera o estudo precioso. Afinal, para tomar o melhor curso de ação é necessário coletar informações, planejar, elaborar, refletir. A ação é enriquecida pelo estudo. Mas não deve ser substituída por ele.

Por outro lado, o estudo não é simplesmente a aquisição de conteúdos transferidos de alguma fonte elevada. É, acima de tudo, uma experiência a ser vivida. Tem um caráter transformador – e isso deve se refletir na qualidade das ações futuras da pessoa.

Como diz Beto Sicupira: "Nós procuramos gente com sede de conhecimento e fome de aplicação." Se só tiver a sede, não vai realizar nada. Se só tiver a fome, vai fazer bobagem.

CAPÍTULO 13

É PRECISO TER SENSO DE URGÊNCIA

Quem alcança nunca espera: a empresa milionária de dois garotos de 18 anos

"Pô, mas vai demorar 10 anos para eu poder jogar esse jogo no computador?!"

Para um garoto de 12 anos, a proposta do pai era indecente. A discussão já se estendia havia algum tempo. Henrique Dubugras queria participar de um RPG, um jogo de personagens interpretados no ambiente da internet. Os pais se recusaram a pagar a licença. Henrique, então, perguntou como podia criar seu próprio jogo. E o pai lhe apontou um caminho loooongo: teria de terminar o ensino fundamental (ele estava no sétimo ano), depois o ensino médio e então cursar uma faculdade de ciência da computação. Diante dessa perspectiva desanimadora, o garoto começou a procurar tutoriais de programação na web. Pesquisava nas horas vagas durante o dia, continuava à noite, entrava pela madrugada...

Tão absorto estava no mundo da programação que seu rendimento escolar declinou – mas não muito. Suas notas, usualmente entre 9 e 10, caíram para a casa dos 7 e 8. O esforço, entretanto, deu resultado: aos 14 anos, Henrique não apenas sabia programar como tinha criado sua própria versão do jogo. Nela, jogava de graça e ainda vendia objetos virtuais aos outros participantes. Já tinha conseguido juntar um bom dinheiro quando recebeu uma notificação judicial: seu universo paralelo, que girava em torno de seu quarto numa casa em Taubaté, no interior de São Paulo, havia colidido com o universo oficial.

Henrique foi obrigado a abandonar sua criação. Mas já tinha tomado um caminho sem volta: aprendeu a não esperar.

Um caminho paralelo

"Se eu falar que tenho 12 anos, não vão me levar a sério", pensou o carioca Pedro Henrique Franceschi. Por isso, mentiu a idade para a jornalista que o procurou, em 2009 – e acabou conhecido como o garoto de *14* anos que desbloqueou o iPhone. Na época, o aparelho comprado nos Estados Unidos não funcionava com os chips de operadoras brasileiras. Pedro encontrou uma falha na versão 3G do iPhone e divulgou isso, em inglês, num blog que mantinha. A façanha o tornou famoso no mundo dos programadores, e uma startup o convidou para trabalhar como aprendiz.

"Só tem duas coisas", respondeu Pedro. "A primeira é que eu não tenho 14 anos, tenho 12. E a segunda é que vocês vão ter que convencer a minha mãe a me deixar trabalhar." Durante um ano, Pedro acompanhou o serviço na empresa Brain Juice, que fazia jogos para iPhone. Depois migrou para a Sync, uma desenvolvedora de softwares.

A "carreira" de Pedro começou bem cedo. Seu pai faleceu quando ele tinha 8 anos, e mais ou menos por essa época cismou que queria aprender a programar. "Não sei bem por quê, mas eu tinha vontade de fazer o computador me obedecer, de controlar o que estava acontecendo na máquina", diz. Assim como Henrique Dubugras, Pedro virou autodidata, aprendendo com ajuda de sites da internet. "Comecei da pior forma possível, com uma linguagem chamada C++, tão chata que não deixa ninguém animado. Mas foi o jeito que eu encontrei." Aos 12 anos descobriu uma falha no iPhone e permitiu o primeiro desbloqueio do aparelho no mundo.

Quando de fato tinha 14 anos, no primeiro ano do ensino médio, Pedro deu outra alfinetada na Apple. A empresa tinha acabado de lançar a Siri, a assistente por voz para celulares e tablets, mas ela só funcionava em inglês. "Depois de virar sete noites, consegui fazer a Siri funcionar em português", conta. Em 30 de dezembro de 2011 ele postou no YouTube um vídeo com o caminho das pedras. No dia 31, véspera do ano-novo, a repercussão foi nula. No dia 1º, idem. Mas, no dia 2 de janeiro, sua caixa de entrada no computador tinha 300 mensagens; a notícia estava na *homepage* do site G1 e dezenas de pessoas tentavam falar com ele pelo telefone. Em seguida Pedro fez a Siri funcionar também em outras línguas – até que, no final do mês, recebeu uma notificação judicial da Apple por quebra de patente, exigindo que encerrasse suas atividades.

O encontro dos gêmeos

Na Fundação Estudar, Henrique e Pedro são conhecidos como "os gêmeos". Não pela semelhança física: Pedro é moreno, alto, tem 1,81 metro, jeito de garoto de praia, com a fala mansa de alguém que disfarça a inquietude sob uma capa de tranquilidade. Henrique é ainda mais alto, com 1,94 metro, estatura e estrutura de atleta com uma cara infantil, em que os olhos pequeninos chamam a atenção por trás dos óculos. Fala tão rápido que atropela algumas palavras. E a cada duas ou três frases utiliza a expressão "bizarro" – que pode significar algo muito bom, algo muito ruim ou algo muito médio.

São conhecidos como gêmeos porque suas histórias, pelo menos sob a ótica da Fundação Estudar, são bastante similares: ambos começaram a programar ainda crianças, eram ótimos alunos, demonstravam garra para realizar projetos, planejavam estudar fora, receberam intimação judicial por causa de suas atividades... Era natural que, com tantas coincidências, se tornassem grandes amigos ou grandes inimigos. Pedro e Henrique foram as duas coisas.

Eles se conheceram no Twitter, discutindo qual o melhor editor de texto para programar. Pedro dizia que era o Emacs, Henrique defendia o Vim. Para quem não pertence ao mundo da computação, basta saber que os ânimos podem ficar tão exaltados como numa discussão entre corintianos e palmeirenses, flamenguistas e vascaínos ou entre tucanos e petistas. A discussão entre os dois no fórum ficou tão acirrada que eles resolveram tirar as diferenças a viva voz, pelo Skype... e acabaram ficando amigos.

A essa altura, os dois já tinham bastante experiência com programação. Depois do episódio com o game virtual, Henrique mergulhara ainda mais fundo nesse universo. Seu herói era Chuck, o mago da computação de uma série de TV de mesmo nome. Para se tornar um *hacker* tão bom quanto o personagem, decidiu que estudaria em Stanford, no Vale do Silício. E começou a pesquisar brasileiros que tinham sido aprovados na universidade americana. "O primeiro garoto que eu achei me incluiu num grupo do Facebook chamado BSCUE, que ajuda brasileiros a estudar fora", diz. "Até ali, eu me achava assim o gênio da lâmpada, né? Tinha 15 anos, sabia programar, era o melhor aluno da escola... Quando entrei nesse grupo, conheci gente que já tinha feito coisas muito mais legais do que eu."

Ali Henrique conheceu pessoas mais experientes, inclusive um bolsista da Fundação Estudar, Gabriel Benarrós, de Manaus, que havia se formado em Stanford e estava montando a empresa Ingresse, uma plataforma para ajudar as pessoas a encontrar shows e peças teatrais em sua cidade. Depois parou os estudos para fazer um curso de alemão em Berlim ("Era bizarramente mais barato ir para lá do que pagar meu colégio em São José dos Campos") – que largou para trabalhar como programador na Alemanha.

Quando voltou, criou com dois amigos um site de apoio a quem quisesse estudar fora; tentou montar um fundo para dar bolsas de estudos para universidades americanas; e participou de uma maratona de programação em Miami, na America's Venture Capital Conference (AVCC, um seminário de inovação e tecnologia promovido pela Universidade Internacional da Flórida).

Nessa maratona, Henrique e dois amigos – Gustavo Haddad e Anderson Ferminiano – ganharam os primeiros lugares na etapa de programação. Na segunda etapa, uma semana depois, os três apresentaram o projeto de um site de encontros, Ask Me Out, em que as pessoas indicavam em sua rede social os amigos com quem gostariam de sair e, se houvesse coincidência, o programa juntava o casal. Concorrendo com gente formada, de 30 anos em média, os garotos faturaram o primeiro lugar, com um prêmio de US$ 50 mil. Henrique tinha então 16 anos. Tentaram levar o negócio adiante, mas um rival com nome mais chamativo, Bang with Friends (Transa com amigos), ganhou o mercado. E o trio se desfez.

Pedro, por sua vez, havia pulado de estágio em estágio, aprimorando suas habilidades. Antes dos 15 anos, criou um projeto chamado Quasar, que permitia trabalhar com janelas no iPad (para usar mais de um aplicativo ao mesmo tempo). Planejava estudar no MIT. Quando conheceu Henrique, estagiava havia dois anos na M4U, uma empresa que prestava serviços para a empresa de telecomunicações Cielo. No início de 2013 largou o serviço para fundar com ele a Pagar.me, uma empresa de pagamento eletrônico.

Foi um período muito tumultuado. Pedro cursava o terceiro ano do ensino médio, participava dos processos de seleção para estudar nos Estados Unidos e trilhava a íngreme curva de aprendizado para montar uma empresa – não só a burocracia, mas a busca por investimento, a procura de contatos no mundo financeiro e, é lógico, a criação de um software que lhes permitisse competir no mercado. E mais um detalhe: ele morava no Rio, a empresa era em São Paulo.

Henrique tinha uma rotina tão corrida quanto a de Pedro. No último ano do ensino médio, conheceu a educadora Nuricel Aguilera, que mantinha a ONG Alpha Lumen, para impulsionar alunos talentosos; então matriculou-se na escola pública onde ela lecionava, em São José dos Campos, e passou a dar aulas extras de computação, matemática e outras matérias; também entrou nos processos de seleção para universidades estrangeiras; ajudava a desenvolver o software da Pagar.me; e tinha uma namorada, dos tempos do antigo colégio. "Ela foi meu ponto de realidade", conta. "Eu só convivia com gente muito inteligente, comecei a ficar mega-arrogante, sabe? Ela me dizia: 'Calma, pé no chão, você *ainda* não é o Mark Zuckerberg.'")

Em 2014, a empresa dos "gêmeos" estava em plena atividade. Os garotos haviam participado de uma competição em Harvard, em um evento para o setor de pagamentos, e ganharam o prêmio de empresa mais inovadora do mundo. "Ganhamos US$ 25 mil", conta Henrique. "Mas o mais legal foi que o PayPal ficou em segundo lugar, atrás da gente." Para iniciar as operações, contaram com um aporte de R$ 1 milhão – de André Street, sócio fundador da Arpex Capital, e outros investidores. Tinham uma dúzia de empregados. No ano seguinte, 2015, previam que seus cerca de 400 clientes iriam movimentar algo em torno de R$ 500 milhões em transações eletrônicas.

O sucesso, porém, se tornou um obstáculo aos planos de estudar nos Estados Unidos. Os dois se tornaram bolsistas da Fundação Estudar em 2014 e ambos passaram para Stanford (Henrique convenceu Pedro de que a universidade era mais apropriada para eles do que o MIT, assim como também o convenceu de que o editor Vim era melhor que o Emacs). "Lembro muito bem", diz Pedro, "na hora que saiu o resultado de que eu tinha passado para Stanford a gente estava em

Palo Alto, pertinho do campus, conversando com o David Marcus, então executivo-chefe do PayPal." Eram duas possibilidades em conflito: estudar fora e se aprimorar ou desenvolver o negócio.

Pedro e Henrique decidiram adiar por um ano o embarque para Stanford. Tinham nas mãos uma empresa promissora, já lucrativa, com 50 funcionários, crescendo a uma média de dois dígitos por mês. Com 18 e 19 anos, encararam o desafio de montar um plano de sucessão e fazer a empresa funcionar sem eles, para, enfim, estudar em uma das melhores universidades do mundo e beber da mesma fonte que os maiores empreendedores da atualidade.

A PRESSA É INIMIGA... DO QUÊ, MESMO?

"Para realizar algo grande, são necessárias duas coisas: um plano e não ter tempo suficiente."

Essa frase, normalmente atribuída ao maestro e compositor americano Leonard Bernstein, consta também de uma coleção de "pílulas de sabedoria" da década de 1940. O que ela frisa é a importância de ter senso de urgência. Quem tem tempo demais acaba procrastinando, se perdendo entre várias tarefas que não são prioridade. Outra dessas "pílulas de sabedoria", que consta de um dicionário de citações de 1899, é: "Se você quer que um trabalho seja feito, peça a alguém que já está totalmente ocupado." Nesse sentido, a pressa não é inimiga da perfeição. A perfeição é que é apenas uma desculpa usada por quem não tem pressa de nada.

A pressa, em si, não é especialmente importante para a cultura da Fundação Estudar. Mas ela é, muitas vezes, sintoma da vontade de realização – e essa, sim, é extremamente valorizada.

Já virou lugar-comum dizer que os jovens da Geração Y são

impacientes, acham que têm direito a uma ascensão meteórica, muitas vezes pulando etapas. O estereótipo não surgiu à toa. Mas há uma grande diferença entre os que querem uma recompensa maior porque acham que o mundo lhes deve algo e os que querem mais responsabilidade porque acreditam que podem fazer mais do que o que lhes está sendo pedido. É esse segundo tipo de disposição que a Fundação Estudar tem interesse em fomentar.

CAPÍTULO 14
FAÇA O QUE NÃO SABE

Do Capão Redondo para Stanford: o sonho jovem de Gustavo Torres

"A gente vai fingir que sabe tudo o que está fazendo. Se eles perguntarem alguma coisa que não sabemos, vamos inventar a resposta na hora."

Com essa postura, Gustavo Torres e seu colega João Araújo foram visitar os coordenadores de diversas escolas públicas para pedir apoio ao seu projeto, Descobrindo o Sonho Jovem (DSJ).

De fato, eles foram questionados sobre coisas que jamais tinham lhes passado pela cabeça, mas as respostas inventadas na hora surtiram efeito. Acabaram conseguindo espaço e estrutura para oferecer programas que visavam desenvolver o autoconhecimento e a inspiração em alunos de áreas carentes. "Vocês têm muita clareza do que estão fazendo", disseram os coordenadores. "A gente não sabia direito o que estava fazendo", diz Gustavo.

A própria experiência de Gustavo, no entanto, já era inspiradora. Ele foi criado no Capão Redondo, periferia de São Paulo. Ia bem nas aulas e, em 2009, ganhou uma bolsa do Ismart para estudar em uma escola de ponta.

No nono ano fazia dupla jornada, de manhã o curso preparatório na escola particular e à tarde na escola pública. Um dia, uma professora o colocou no fundo da sala e ele ofereceu ajuda ao pessoal "da bagunça", que sentava atrás. "Eles começaram a tirar notas altas, os professores nem acreditavam", diz. Gustavo perdeu um pouco da timidez e ganhou "a identidade do Capão", que incluía escutar rap e falar gírias locais.

No ensino médio, Gustavo foi um aluno exemplar – o melhor do Colégio Santo Américo, no Morumbi, com média 9,4 – e conseguiu uma bolsa para passar um mês num curso de verão na Universidade Yale, nos Estados Unidos. "Quando pisei lá, falei para mim mesmo: se eu consegui chegar até aqui, qualquer coisa vai ser possível."

Junto com o amigo João Araújo, também bolsista do Ismart, começou a pensar que outros jovens deveriam ter as oportunidades que eles tiveram. Depois de um *workshop* da Ashoka, uma instituição que apoia o empreendedorismo, tiveram a ideia de criar o DSJ. A iniciativa tem traços em comum com os programas da Estudar: "Nós apresentamos histórias de gente muito boa, que conquistou muita coisa, para a galera abrir o horizonte, enxergar oportunidades que geralmente não enxerga", relata.

A coincidência não é mera semelhança. É cópia, mesmo. Não só dos programas da Estudar, mas de outros parecidos também. "Precisávamos aprender sobre o assunto, então começamos a ir a muitos *workshops* de empreendedorismo e inovação", diz Gustavo. "Em todos os eventos nós éramos os mais novos, moleques de 16 anos no meio da galera de 20, 30, 40 anos. A gente aprendeu muito."

O DSJ começou em 2013, com 15 alunos em cada turma. No ano seguinte, os sócios conseguiram apoio do Yunus & Youth, organização criada pelo economista e Nobel da Paz Muhammad Yunus, e foram para um fórum na Rússia falar sobre empreendedorismo social. O projeto cresceu e a sede mudou para a Fábrica da Criatividade, um espaço de atividades sociais no Capão Redondo. A equipe aumentou para 10 pessoas e já deu orientação a uma centena de jovens. Hoje, no entanto, Gustavo é um sócio distante: está em Stanford, cursando ciência da computação, com bolsa da Estudar.

A invenção nasce da cópia

Para quem compartilha da cultura da Estudar, não saber não é motivo para não fazer. Ao contrário. Se você já sabe tudo, não há novidade, apenas repetição – o aprendizado é nulo e o crescimento, pequeno.

Mas há uma estratégia para fazer o que não se sabe: copiar e aprender. Não reinventar a roda é um lema na rede da Estudar. Por isso, por exemplo, os "gêmeos" não hesitaram em pedir uma visita ao PayPal ao montar uma empresa de pagamentos, assim como Beto Sicupira foi visitar Sam Walton, do Wal-Mart, quando assumiu as Lojas Americanas.

Este é, aliás, o método característico da consultoria Falconi, um dos doadores da Fundação Estudar, que influenciou tantas empresas e órgãos públicos no Brasil: encontrar a lacuna entre o seu estágio atual e o nível da excelência, estabelecer metas para fechar a lacuna e em seguida procurar outra lacuna (essa prática é conhecida como *benchmarking* e foi popularizada pelo movimento de qualidade iniciado na década de 1950 nos Estados Unidos).

Fazer o que não se sabe tem seus limites, claro. Todo aprendizado é custoso. "Sonho é quando você sabe 70% do caminho e precisa aprender os outros 30%", diz Carlos Brito. "Aventura é quando você só sabe 30%."

CAPÍTULO 15

EXPERIÊNCIAS DIFERENTES LEVAM A IDEIAS DIFERENTES

As viagens de João Castro Neves e o Evangelho segundo Mateus

"Esse negócio de morar fora com 15, 17 anos tem um impacto de você se abrir para o mundo."

O carioca João Castro Neves, presidente da AB InBev para a América do Norte, não teve uma infância e adolescência muito convencionais. Seu tio, Oscar Castro Neves, foi um dos inauguradores da bossa nova. Seu pai, Ico Castro Neves, foi músico até os 30 anos. Depois virou arquiteto e empreendedor. "Ele e um sócio tiveram construtora, uma agência de viagens, uma empresa que fazia sabão para privada, um monte de coisas", diz. Um belo dia, quando João tinha 15 anos, o pai resolveu tirar um ano sabático na França. Vendeu os carros, alugou a casa... "Só sei que um dia acordei e estava estudando numa escola pública francesa", conta.

Essa primeira experiência lhe deixou um gosto bom. Dois anos depois, arrumou um intercâmbio em West Virginia, no leste dos Estados Unidos. Na volta, cursou engenharia de computação na PUC-Rio – e arranjou outro intercâmbio, com bolsa da faculdade, na Universidade de Illinois. Ao voltar, formou-se, trabalhou como consultor, depois na HP ("Só para ter certeza de que não era aquilo que eu queria") e decidiu candidatar-se a um MBA na Universidade de Illinois.

Castro Neves já ouvira falar de Lemann na adolescência, porque jogava tênis, uma das paixões do empresário. Em 1991, ano em que estava indo para o MBA em Illinois, leu uma reportagem da revista *Exame* em que Carlos Brito falava da bolsa que recebera. Não teve dúvidas: ligou para o Banco Garantia e pediu para falar com Lemann "sobre bolsa".

"Aí vêm aquelas surpresas do Jorge", diz Castro Neves. "Dois dias depois, ele me ligou para marcar um papo." A Fundação Estudar estava sendo criada naquele ano. Lemann disse que o ajudaria e o encaminhou para conversar com Beto e Marcel. "Uns dias depois, o contador dele me entregou US$ 5 mil para financiar meu MBA em Illinois. Eu nunca tinha visto tanto dinheiro na vida", lembra.

Depois de terminar o MBA, ele ainda ficou três anos trabalhando num banco nos Estados Unidos (o Bankers Trust, mais tarde adquirido pelo Deutsche Bank) antes de ingressar na Brahma, em 1996.

Morar no exterior e ter experiências variadas, como as de Castro Neves, abre um grande leque de oportunidades na vida. Não só pelos contatos, mas, principalmente, pela percepção de que há outras realidades, outros caminhos possíveis.

O efeito Mateus

É impossível prever que resultado cada experiência nova suscitará. Mas é fato que o nosso cérebro se molda às experiências que vivemos. A gíria "abrir a cabeça" é uma forma de expressão bastante precisa: conforme vemos e sentimos as coisas, o cérebro amplia e fortalece a rede de conexões entre os neurônios. Uma vida rica de experiências propicia uma gama maior de caminhos para os neurônios.

Para a bolsista Giuliana Reis, o mundo se abriu quando ela tinha 4 anos e sua família se mudou para os Estados Unidos, para que o pai aprendesse inglês e tivesse mais oportunidades de carreira. Para Gilberto Giuzio, que morava na roça, a percepção de que existia outra realidade veio quando o padrasto comprou uma TV e ele começou a assistir ao noticiário. Para Tábata de Pontes, estudar num colégio de elite foi o divisor de águas.

Uma característica das vivências é que elas não se encerram em si mesmas: costumam levar a outras. Foi o que aconteceu com o bolsista Daniel Vargas. Aos 16 anos, ele saiu de uma cidadezinha no noroeste de Minas, onde sua família vivia, para cursar universidade em Brasília. Ganhou uma bolsa de pesquisas do MEC para estudar direito do consumidor e depois foi escolhido pela Universidade de Estocolmo, na Suécia, para fazer intercâmbio. Mais tarde, no mestrado, ganhou uma bolsa para passar três meses em Israel, na Universidade Ben Gurion. Depois ganhou outra, para um curso na Espanha. Na volta, com 22 anos, conseguiu o apoio da Estudar e foi para Harvard, onde fez carreira.

Essas histórias remetem a um conceito conhecido como "efeito Mateus". Esse termo foi cunhado em 1968 pelo sociólogo Robert Merton, da Universidade Columbia, para descrever um fenômeno comum em sistemas sociais: uma pequena vantagem inicial tende a gerar mais vantagens ao longo do tempo. A expressão é derivada de uma passagem do Evangelho segundo Mateus: "Pois a quem tem, mais lhe será confiado, e possuirá em abundância. Mas a quem não tem, até o que tem lhe será tirado." Merton não relaciona o efeito Mateus apenas ao dinheiro. As riquezas podem ser de toda ordem: prestígio, poder político, conhecimento, etc.

Intuitivamente, o processo de seleção da Estudar se baseia nesse conceito. Acredita-se que quem já fez algo interessante será mais capaz de realizar outras coisas interessantes.

CAPÍTULO 16
O TRABALHO LEVA AO CONHECIMENTO

O eucalipto, o curativo e a meia: as experiências de Kawoana Vianna

"Fui para o palco chorando, apareci em todas as fotos chorando."

A gaúcha Kawoana Vianna acabara de tirar quarto lugar em uma feira de ciências nos Estados Unidos, na área de medicina. Seu projeto, de prevenção de amputações em diabéticos, concorria com dezenas de pesquisas mais "nobres", do campo de tratamento do câncer. Ganhar um prêmio desse porte já justificaria as lágrimas, mas a trajetória de Kawoana tornou aquela vitória ainda mais especial – e mostrava que um pequeno projeto inicial pode ir se transformando até desembocar em uma avenida de possibilidades.

Filha de um casal muito jovem de classe média, Kawoana estudou em colégio particular até o nono ano, em São Leopoldo, no Rio Grande do Sul. No ensino médio, suas escolhas começaram a empurrá-la para um caminho diferente. Em vez de se preparar para o vestibular, ela quis fazer um curso técnico de química na Fundação Liberato.

Ali, os alunos são obrigados a desenvolver um projeto de pesquisa científica. Kawoana e duas amigas, todas de 15 anos, optaram por algo bem simples: calcular a pegada de carbono do colégio. Com esse projeto, elas se inscreveram em uma feira da USP, em São Paulo – e lá descobriram uma realidade nova, com pessoas competindo por uma vaga numa feira de jovens cientistas nos Estados Unidos. "A gente começou a colocar isso como meta", diz.

No ano seguinte, o projeto das três já era mais elaborado. O eucalipto, aprenderam, é uma planta em torno da qual quase nada cresce, porque ele libera substâncias que modificam o ambiente e dificultam o desenvolvimento de plantas nativas. Por que não usar essas substâncias como herbicida? "Passamos um ano inteiro testando extratos e chegamos a um que continha as ervas daninhas, sem prejudicar a plantação da soja." As jovens apresentaram o projeto numa feira internacional que o colégio delas organizava, mas não ganharam nenhum prêmio.

"Ficamos um pouco frustradas, mas queríamos continuar pesquisando, porque nos apaixonamos pelo estudo." No terceiro ano, quando já não era obrigatório fazer um projeto, as três decidiram entrar na área da nanotecnologia. "Começamos a pesquisar diversas partículas e achamos uma que tinha a propriedade de ser isolante térmica", conta Kawoana. Ela então lembrou que, cinco anos antes, sua avó tinha sofrido um acidente de trabalho e teve o dedo decepado.

"Os médicos conseguiram fazer o reimplante, mas no pós-operatório ela precisava passar diversas pomadas e tinha que ficar com a mão perto de uma lâmpada, para aquecer o local e aumentar o fluxo sanguíneo. Só que a lâmpada acabava queimando o dedo." Esse episódio inspirou o novo projeto: e se elas conseguissem criar, com aquela partícula, um curativo que exercesse o papel da lâmpada?

A ideia era tão boa que ultrapassava os limites do laboratório da escola – e os conhecimentos dos professores. "Eles achavam que a gente queria dar um passo maior que a perna", conta. As três não se desencorajaram. Descobriram uma professora da UFRGS em Porto Alegre, a 40 quilômetros de distância, e foram bater à porta dela.

Silvia Stanisçuaski Guterres era professora de farmácia e estava acostumada a orientar alunos de mestrado, doutorado e pós-doutorado. E lá estavam três garotas que sequer haviam entrado na faculdade. "Ela nos testou bastante, questionando tudo o que a gente tinha lido sobre o assunto." Embora o conhecimento delas não fosse muito profundo, a empolgação era grande o suficiente e a convenceu. As três passaram a usar o laboratório da universidade.

Após uma batalha para conseguir a nanopartícula, uma das colegas deixou o grupo. Os pais não viam com bons olhos tanto tempo gasto naquelas atividades extracurriculares. Virando noites para concluir a pesquisa e o protótipo do tecido do curativo, Kawoana e sua colega, Gabriela, participaram mais uma vez da Mostratec, a feira patrocinada por seu colégio. E novamente não ganharam nenhum prêmio.

A história foi diferente na feira da USP, a Febrace. "A feira normalmente manda três avaliadores para examinar cada projeto", diz Kawoana. "Nós fomos avaliadas 14 vezes." No final da maratona, ganharam cinco prêmios, incluindo o primeiro lugar na área de saúde. E foram credenciadas para a feira de San Jose, na Califórnia, patrocinada pela Intel, em 2010.

A viagem em si foi uma ótima experiência – uma feira com 1.700 jovens de vários países – mas as duas amigas não ganharam nada. "Aquilo ficou engasgado." Gabriela, a essa altura, já tinha passado no vestibular de farmácia. Kawoana queria fazer medicina, e para isso achava necessário fazer cursinho. Decidiu, porém, dedicar-se a aprofundar sua pesquisa e concorrer mais uma vez. Agora sozinha.

"Meu plano era conseguir ter um projeto tão bom a ponto de ser selecionada para ir de novo para os Estados Unidos e ganhar um prêmio na área de medicina, que é uma das mais concorridas." O problema era que, em qualquer feira, se você aparece com o mesmo projeto, tem de mostrar que houve uma evolução extraordinária.

A evolução que Kawoana vislumbrou foi, em vez de tratar o pós-operatório, evitar que a amputação acontecesse. "Existem 300 milhões de diabéticos no mundo, eles sofrem 80% das amputações não traumáticas. Aí eu pensei: 'Vou deixar o curativo de lado e produzir uma meia para tratar preventivamente o pé do paciente.'"

A nova etapa foi uma odisseia. Kawoana conseguiu ajuda do pai de um ex-colega, que tinha uma fábrica de meias (Pé Brasil, já fechada). Fez várias amostras até conseguir uma nanopartícula que impedia a proliferação de bactérias e fungos. Conseguiu permissão para usar o único manequim térmico do país, da USP, para testar o efeito isolante da meia. Ao final de tanto trabalho, inscreveu-se novamente na Mostratec... e dessa vez ganhou o primeiro lugar da área de medicina. Ganhou também o prêmio Jovem Cientista, patrocinado pelo governo do Rio Grande do Sul, e o direito de voltar à feira dos Estados Unidos.

Entre dezembro de 2010, quando terminou o curso técnico, e maio de 2011, data da viagem, Kawoana não fez praticamente nada além de se preparar no laboratório da UFRGS. Ao chegar à Califórnia, passou um dia inteiro sendo entrevistada pelos organizadores, que não viam diferenças entre aquele projeto e o que ela tinha apresentado um ano antes. "Refiz quatro vezes o meu resumo de projeto naquele dia", lembra Kawoana. Tudo para poder concorrer com as pesquisas sobre o câncer, consideradas as mais nobres da área. O esforço valeu a pena: ficou em quarto lugar na categoria Medicina e Ciências da Saúde.

Pouco antes dessa premiação, Kawoana tinha inscrito o trabalho que fez com Gabriela no Prêmio Mercosul de Ciência e Tecnologia, cujo tema em 2010 era nanotecnologia. As duas tiraram o primeiro lugar.

Mesmo sem ter feito cursinho, Kawoana passou no vestibular de medicina para a UFF, em Niterói, mas preferiu estudar mais um ano e tentar a faculdade que queria, em Porto Alegre. Em 2013, passou para a UFRGS, no segundo semestre. Antes de começar as aulas, fez um intercâmbio de pesquisa em Israel, a convite da associação Amigos do Weizmann.

Kawoana conhecia a Fundação Estudar das feiras de ciências, mas nunca pôde se candidatar, porque medicina não era uma das áreas para as quais a fundação dava bolsas. Em 2014, no entanto, essa restrição caiu. Enquanto se preparava para a seleção de bolsistas, ela esbarrou num relatório dos 20 anos de atividades da Estudar. E lá viu a seguinte frase: "A Fundação Estudar precisa de mais jovens como Kawoana Vianna."

Até ali, ela havia seguido uma trilha em que cada experiência proporcionou condições para o próximo passo. Entrar para a rede da Estudar ajudou-a a manter seu ímpeto. "O maior efeito que a Fundação Estudar teve sobre mim foi mostrar que eu estava ficando acomodada na faculdade", conta. "Comecei a entrar no fluxo da boiada, sabe? Você nem percebe, mas acaba deixando de sonhar grande. Na Estudar, conheci outros jovens que estavam fazendo coisas incríveis. E me convenci de que não posso parar de fazer essas coisas também." Uma das suas ações desde então foi criar o projeto Cientista Beta, para incentivar outros jovens a ter uma relação mais próxima com a ciência.

A História da Fundação Estudar – 4

A hora de elaborar o processo e disseminar conhecimento

"Pesquisamos muitas metodologias, fizemos muito benchmarking*, buscamos entender como funcionavam prêmios e programas de apoio a jovens de excelência no Brasil e no mundo."*

Em 2010, a Fundação Estudar havia chegado à conclusão de que precisava expandir seu alcance na sociedade brasileira. Equipe e bolsistas começavam a fomentar projetos que seriam o embrião dos programas presenciais e portais de conteúdo que a Fundação Estudar mantém hoje. Para fazer isso, porém, era preciso estruturar o conhecimento e explicitar os valores que a Estudar praticava. Criar, enfim, um conteúdo que pudesse ser transmitido de outras formas além do contato entre bolsistas.

Além disso, a nova disposição de atrair gente de perfis diferentes exigia uma reformulação dos processos de seleção. O formato continuou o mesmo: o candidato se inscrevia, passava por uma primeira triagem, depois ia para uma dinâmica de grupo, em seguida vinha uma entrevista, a entrevista com ex-bolsistas e, finalmente, para quem fosse aprovado em todas as fases, a entrevista final com o conselho da fundação. O que mudou foi a forma como cada uma das etapas era estruturada. Foi para chegar a um formato adequado às necessidades da Fundação Estudar que a equipe pesquisou diversos modelos.

No final, eles chegaram a um processo específico para a Estudar – porque suas características são peculiares. Em processos normais de empresas, parte-se dos valores da companhia e das competências específicas do cargo que se quer preencher. Na Fundação Estudar não há cargo nem área. O mesmo processo tinha que valer para selecionar pessoas que iriam atuar no mundo acadêmico, em empresas, em ONGs, no setor público ou mesmo fundar suas próprias empresas. Como avaliar candidatos que tinham *backgrounds* tão diferentes para atuar em contextos tão distintos?

Por causa dessa diversidade de origens e de caminhos, a Fundação Estudar precisava de um modelo mais genérico, que ajudasse a prever o potencial de liderança e a capacidade de excelência em qualquer área. Visando chegar a esse modelo, a equipe entrevistou vários ex-bolsistas para tentar extrair o que eles tinham em comum. Fez também um trabalho de identificação de valores da Estudar, pesquisando as diretrizes das empresas do grupo dos fundadores, o material que a Estudar já usava em seus treinamentos e as convicções da rede de bolsistas.

O processo foi sendo modificado aos poucos. Para facilitar a avaliação de candidatos de outros estados, a Fundação Estudar incorporou uma comunicação por vídeo, que depois virou um *pitch* (uma pequena apresentação para "se vender"). Nas entrevistas e dinâmicas, foram desenvolvidos exercícios para medir o grau de aderência dos candidatos aos valores da Estudar. O teste de lógica foi modificado, para que exigisse menos conhecimento prévio (fórmulas matemáticas, por exemplo). Como resultado, mais gente de áreas diferentes começou a ser aprovada para as etapas finais da seleção.

A formulação desse novo processo de seleção e a explicitação de valores acabaram se tornando um corpo de conhecimentos próprio – que deu base para a montagem do primeiro curso, de liderança. A ideia era replicar a experiência da rede de bolsistas para um universo maior: juntar jovens com inquietude e ambição de realizar algo de impacto, e fornecer-lhes, em dois módulos de 16 horas, instrumental para se questionar, encontrar um propósito e dar um "salto" (efetivamente realizar algo a que se proponham).

A lógica do programa é provavelmente o cerne da ideologia da Fundação Estudar. Seus três preceitos são: 1) existe muita gente por aí com inquietude de realizar algo diferente, que produza impacto positivo no país; 2) pessoas assim costumam se sentir inadequadas, estranhas; ao reuni-las, cria-se um sentimento de grupo que reforça a noção de que é possível realizar coisas extraordinárias; 3) os exemplos de pessoas bem-sucedidas e a pregação de valores como meritocracia, trabalho duro, vontade de realizar e senso de urgência potencializam o desejo e levam à ação.

Para difundir os seis valores que a Estudar decidiu disseminar – que são a base deste livro – uma equipe buscou conteúdos que ajudassem a transmiti-los. No caso das metas ambiciosas – o sonho grande –, a Fundação Estudar usa exemplos como os de Bill Gates, Nicolau Copérnico e Pablo Picasso, pessoas que superaram obstáculos e trabalharam duro para realizar algo fenomenal. Mas os modelos não são apenas esses "gigantes", que podem até intimidar os jovens. São usados *TED Talks* e histórias inspiradoras de pessoas mais próximas. Em geral, o programa tem um convidado especial, alguém bem-sucedido na carreira, porém que esteja mais ligado à realidade dos participantes e que tenha vivido desafios parecidos com os que eles enfrentam.

A partir dessa experiência, a busca e a explicitação de conteúdos passou a ocupar uma parte central no projeto da Fundação Estudar.

PARTE V

SER PROTAGONISTA

A filosofia Estudar:

- Atue sempre com espírito de liderança. Se você está sendo liderado, tenha espírito de dono, proponha caminhos. Se está liderando, faça-o pelo exemplo, promovendo a autonomia do time.
- Tudo é pessoal. Assuma suas responsabilidades.
- Tenha foco. Mas não se deixe aprisionar por ele.

"Seja a mudança que você quer ver no mundo."

A lógica de promover o "espírito de dono" lembra um pouco essa frase, atribuída ao líder da independência indiana Mahatma Gandhi. (Apesar de a frase estar em quase todos os sites de citações, não há evidência de que Gandhi a tenha proferido. Mas ele disse algo nessa linha: "Quando um homem muda sua natureza, a atitude do mundo em relação a ele também muda.") A ideia é justamente essa. Você primeiro se sente dono, e isso ajuda você a se tornar dono (porque mostra disposição e interesse).

A rigor, o conceito é apenas uma fantasia. Ninguém nunca é *dono* de nada (nem de coisas nem, muito menos, de pessoas). No máximo, podemos ser arrendatários, cuidar e usufruir de algo durante um período. O sentimento de dono é, no fundo, um sentimento de responsabilidade em relação a alguma coisa – ou alguma causa.

Pesquisadores da área de gestão apontam dois motivos para que o espírito de dono leve a um engajamento maior e a mais eficiência nos resultados de uma empresa. O primeiro é a tendência natural do ser humano de preferir as coisas com as quais se identifique. No extremo oposto do espírito de dono está a apatia, o comportamento revelado em expressões do tipo "Não sei de nada, eu só trabalho aqui".

O segundo motivo é o *endowment effect* (efeito de dotação), descrito pelo professor de economia comportamental Jack Knetsch, da Universidade Simon Fraser, no Canadá, em um artigo de 1989. Em um experimento, universitários foram divididos em três grupos. No primeiro, os participantes ganhavam uma caneca de porcelana e, depois de um tempo, lhes era oferecida uma barra de chocolate suíço em troca da caneca. No segundo grupo, os estudantes ganhavam o chocolate e, depois de um tempo, lhes era oferecida a caneca (se abrissem mão do chocolate). No terceiro grupo, de controle, os estudantes não ganhavam nada a princípio e tinham apenas de escolher se queriam a caneca ou o chocolate.

As escolhas do grupo de controle mostraram que a preferência pela caneca e pelo chocolate era quase equivalente (56% e 44%, respectivamente). Porém, dos que ganharam a caneca, só 11% quiseram trocá-la pelo chocolate. E, dos que ganharam o chocolate, só 10% preferiram a caneca. A conclusão (o tal efeito de dotação) é que, quando algo se torna nosso, automaticamente lhe conferimos mais valor.

O espírito de dono também é uma solução para o clássico problema de agência (o conflito de interesses entre os acionistas e os gestores). Em vários aspectos, ambos têm os mesmos objetivos (fazer a empresa crescer, por exemplo). Mas nem sempre. O gestor que é empregado pode exigir salários mais altos para ele e dividendos menores para os acionistas. Os sócios podem querer o contrário. Foi para mitigar esse problema que se criaram os programas de incentivo a executivos, com metas, bônus e opções de compra de ações. A ideia é alinhar interesses, justamente tornando o executivo dono de uma parte da empresa, já que ações são pequeninas parcelas de propriedade). Mas essa engenharia financeira em geral só funciona para o alto escalão, enquanto o espírito de dono funciona na empresa inteira. Como diz Marcel Telles, "ter donos internos corta o dilema dos gerentes com interesses de classe próprios".

CAPÍTULO 17
FAÇA A COISA CERTA

A advogada que enfrentou os cartéis

"Olha só, agora está todo mundo com medo da Ana..."

Era a reunião anual de 2009 da Estudar, e Jorge Paulo Lemann fez esse comentário logo após a apresentação de Ana Paula Martinez, uma das "bolsistas do ano" – título que a fundação costumava dar a quem se destacasse pelo impacto de suas ações.

Na ocasião, Ana Paula era diretora do Departamento de Proteção e Defesa Econômica da Secretaria do Direito Econômico (SDE), ligada ao Ministério da Justiça (que em 2012 seria incorporada ao Cade). Ela narrava, para uma plateia repleta de empresários e executivos, seus avanços na formulação de políticas públicas, em especial o combate a práticas anticompetitivas.

Um dos resultados de seu trabalho foi o fim da exigência de exclusividade nas máquinas de cartão de crédito. (Até julho de 2010, cada bandeira tinha a sua máquina, o que elevava o custo para os lojistas e, consequentemente, os preços ao consumidor.)

"Outro processo de que tenho orgulho foi o do rio Madeira", conta Ana Paula. Em 2007, na licitação para a construção da usina de Santo Antônio, em Rondônia, uma grande empreiteira tinha feito acordos de exclusividade com todos os fornecedores de turbinas e geradores do Brasil. Essas peças representam cerca de 30% do custo de uma hidrelétrica, e os concorrentes seriam obrigados a trazê-las da China, com acréscimo de preço devido ao transporte e aos impostos de importação. Por isso, ninguém acreditava num preço abaixo do teto máximo definido pelo governo, de R$ 129 o megawatt-hora. "Decidimos adotar uma medida preventiva, pondo fim a essa exclusividade", diz ela. "A empresa recorreu na justiça, mas logo depois fez um acordo com o Cade."

O consórcio vencedor ofereceu deságio de 35% do preço estipulado pelo governo. "Nossa equipe estava acompanhando o leilão pela TV e, quando vimos o valor de R$ 89, achamos que estava errado", lembra. "Não estava errado. Era a primeira vez que se via o efeito de ter concorrência efetiva no setor." Com essa redução, o ganho estimado para os consumidores foi de R$ 16 bilhões nos 30 anos de concessão, segundo o Ministério da Justiça.

O zelo de Ana Paula teve origem em sua experiência na iniciativa privada. "Quando eu estava no escritório Cleary Gottlieb, em Bruxelas, grandes empresas nos procuravam para ajudá-las a decidir se deveriam fazer acordos de leniência pela prática de cartéis", conta. "Em relação ao Brasil, a única pergunta que faziam era se aqui as pessoas iam para a cadeia." Como não existia repressão penal, também não havia incentivos para a autodelação. Se um dia surgisse alguma investigação, as empresas pagariam uma multa, mas os indivíduos estariam protegidos. Foi essa situação que ela quis alterar quando foi chamada para assumir um cargo público.

Ana Paula faz parte do grupo que ajudou a mudar a noção de impunidade no país para delitos econômicos. "Tive a oportunidade de auxiliar no cumprimento de mais de 300 mandatos de busca e apreensão, em cooperação com a Polícia Federal e o Ministério Público", conta. Coordenou também a primeira operação conjunta de busca e apreensão do governo brasileiro com o Departamento de Justiça americano e a Comissão Europeia.

Ana Paula tornou-se bolsista da Estudar em 2005. Nascida e criada em Vitória, no Espírito Santo, mudou-se para São Paulo para seguir os passos da irmã, um ano mais velha: entrar na faculdade de direito da USP. Depois fez mestrado na USP e em Harvard e começou a carreira internacional no Cleary Gottlieb. Em 2007, recebeu o convite de Mariana Tavares, então responsável pela SDE, para chefiar o Departamento de Concorrência do órgão, comandando uma equipe de 60 pessoas. Ocupou o cargo até o final de 2010, quando voltou para o outro lado da mesa, o setor privado – um fenômeno típico nos Estados Unidos, mas ainda raro no Brasil, conhecido como política de *revolving doors* (porta giratória).

Retornou como sócia do escritório Levy & Salomão Advogados, onde tinha trabalhado logo que se formou. Sua experiência no governo a levou a fazer doutorado em direito penal na USP. Foi duas vezes reconhecida, em 2014 e 2016, pelo mais prestigiado prêmio do direito da concorrência, o GCR Award, como melhor advogada do mundo com menos de 40 anos.

Sua sintonia com os valores de ética do trabalho que permeiam a cultura Estudar foi moldada desde muito cedo. Seu pai, um espanhol que se assentou no Brasil aos 40 anos, carregava na carteira e sempre mostrava às filhas uma capa do jornal *El País* que tinha a foto de uma menina regendo uma orquestra e os dizeres: "Não limite a sua educação. Você é uma mulher do século XXI."

CAPÍTULO 18
TENHA ESPÍRITO DE DONO

Autonomia vem junto com responsabilidade

"Eu podia fazer o que quisesse. A única coisa que eu não tinha permissão para fazer era comprar empresas."

Em setembro de 2010, Alexandre Behring liderou a compra do Burger King, por US$ 4 bilhões. Ele tinha acabado de deixar a ALL e passado a ser o sócio diretor (embora minoritário) do 3G Capital Management, em Nova York. Sua missão era prospectar negócios, mas os sócios principais (Lemann, Marcel e Beto) deixaram bem claro que aquele não era o momento de adquirir empresas. Foi justamente isso que Behring mais fez nos últimos anos. Chefiando uma equipe de 30 pessoas em Nova York, papou o Burger King, depois a Heinz e, em seguida, a Kraft.

"Aqui é assim: as pessoas boas vão tendo uma voz cada vez mais forte, mais autonomia para dizer o que querem fazer", conta Behring. "Mas você tem voz desde que se alinhe, quer dizer, desde que invista o seu dinheiro onde está a sua voz." Proporcionalmente ao seu patrimônio, afirma Behring, ele investiu mais na compra do Burger King do que os sócios fundadores. O raciocínio do trio de sócios é mais ou menos o seguinte: se você está dizendo que vale a pena apostar, apostamos. A grande pergunta que Beto Sicupira costuma fazer é: "Se afundar, você afunda junto?" A liberdade vem acompanhada de responsabilidade.

Ou, como diz Carlos Brito: "Dono é aquele que vive com a consequência. É aquele que coloca a empresa em primeiro lugar, o grupo em segundo e ele mesmo em terceiro – porque sabe que, se a empresa e o grupo crescerem, ele vai crescer junto. O profissional, ao contrário, quer fazer o currículo dele. E a empresa... não importa tanto, pois daqui a três anos ele vai estar em outra."

Brito e Behring não foram bolsistas – mas são exemplos da cultura Estudar. (Quando Ilona Becskeházy assumiu a superintendência da Estudar e perguntou qual era o perfil dos candidatos que ela devia aprovar, mandaram-na conversar com Behring: ele era o protótipo.) E os dois frisam uma das crenças fundamentais da Fundação Estudar: ninguém deve fazer carreira numa empresa. Não seja profissional – seja dono.

"Na maioria das companhias o funcionário está permanentemente pensando no próximo passo de sua carreira", afirma Beto. "Então ele tem objetivos diferentes dos da empresa." Quando você é dono, não. "Dono é dono. Dono não diz 'Ficou ruim, eu vou embora', dono diz 'Ficou ruim, eu vou ficar mal aqui com o negócio'."

Só quem se sente dono vira dono

"Fui parar na Brahma por causa de um anúncio de estágio na faculdade", conta Lissa Collins, uma das primeiras bolsistas da Fundação Estudar, da turma de 1992. "Não me esqueço do que me falaram logo que entrei: 'Isto aqui está uma zona, ninguém sabe o que é de quem.' Pensei: 'Se ninguém sabe o que é de quem, alguma coisa pode ser minha.'"

Lissa já tinha um histórico de conquistas. Nasceu no Rio, mas seu pai biológico morreu quando ela tinha um ano. A mãe se casou de novo e a família se mudou para Cabo Frio, onde o padrasto abriu um pequeno comércio. "Desde os 10 anos estava no caixa de algum negócio", diz. Na adolescência voltou para o Rio para cursar administração. Uma avó lhe dava abrigo, outro avô bancava seus custos. "Eu trabalhava desde os 16 anos. Lembro que o dinheiro que eu ganhava era exatamente o valor da mensalidade da PUC."

Foi a primeira mulher da família a ingressar na universidade. E não fez feio: formou-se com média 8,9. Ganhou os prêmios de excelência acadêmica do Unibanco, do Citibank e da *Folha de S.Paulo*.

No segundo período da faculdade, e já estagiária da Brahma, pediu bolsa para a Fundação Estudar. "A grana ajudou muito, mas não tenho dúvida de que o grande diferencial foi o que hoje em dia eles chamam de *coaching* ou mentoria." Na época, a Fundação Estudar exigia que os bolsistas escrevessem um relatório sobre o que tinham feito e aprendido. Além disso, havia os cafés da manhã, em que alguém influente do mercado era chamado para conversar com os bolsistas.

Quando se candidatou, o maior interesse de Lissa era pela área de RH. "Eu sempre me questionei: 'Como é que esses caras escolheram uma menina que dizia que o sonho era RH?'" Em geral, recursos humanos são uma área tratada como secundária nas empresas, mas a cultura da Estudar é o oposto disso. Não por acaso, quando se apresenta aos candidatos que vai entrevistar, na bancada final da seleção de bolsas, Marcel Telles se define apenas como "especialista em gente" – foi esse foco em gente que lhe permitiu transportar com sucesso a cultura de sociedade de uma empresa com poucas dezenas de pessoas para uma companhia de 25 mil funcionários.

Lissa ficou 12 anos na Brahma, que depois se tornou Ambev. Passou pelas áreas de qualidade, corporativa e de marketing, até que saiu para trabalhar no terceiro setor. Até dezembro de 2016 esteve à frente do Instituto ProA, uma organização sem fins lucrativos com a missão de ajudar jovens de baixa renda a conquistar o primeiro emprego – oferecendo conteúdo técnico e comportamental, na mesma linha da cultura da Fundação Estudar, embora com outro nível de aprofundamento. De certa forma, a ideia é ajudá-los a se tornar donos do próprio destino.

CAPÍTULO 19

TENHA FOCO – MAS NÃO SE PRENDA POR ELE

A garota que decidiu vender roupas de frio no Piauí

"Olha, eu sou uma pessoa que tem foco, o senhor não precisa se preocupar. Eu só mudo muito de foco."

A resposta de Júlia Borges Evangelista ao comentário sobre a falta de foco dos jovens, na última etapa da seleção de bolsistas de 2012, provocou risadas na sala. E sua defesa ante as risadas provocou gargalhadas: "Mas cada vez que mudo de foco eu vou com tudo para o meu novo foco."

Sua trajetória confirma as palavras. Júlia nasceu em Teresina, no Piauí, e teve uma experiência no exterior bem cedo. Quando tinha 9 anos, o pai pediu demissão do emprego e levou a família para passar um ano na Nova Zelândia. Desde então, a mãe volta e meia dizia que gostaria de morar lá. Quando Júlia começou o nono ano, seu pai comprou uma fazenda no sul do Piauí, batizou-a de Nova Zelândia e disse à mulher: "Lilinha, seu sonho vai ser realizado!"

Júlia mudou-se para Uruçuí, uma cidade de 10 mil habitantes a seis horas de viagem de Teresina. Mas ficou angustiada com suas perspectivas para o vestibular. "Tinha nove alunos na sala e eu não precisava nem estudar, passava com 10 em tudo. Então fiquei meio desesperada, achava que se continuasse lá não ia conseguir ir muito longe." Seis meses depois, estava de volta à capital, com a mãe e as duas irmãs. Mas não ficou muito tempo. Quando fez 15 anos, disse aos pais que, em vez de festa, gostaria de fazer um intercâmbio na Nova Zelândia.

No ensino médio, Júlia teve seu primeiro grande foco: cursar administração em Minas Gerais. Passou em 10º lugar no vestibular da UFMG, mas as aulas só começavam em agosto – então ela resolveu prestar vestibular para direito na PUC. E veio a primeira mudança de foco. "Fiquei um mês e meio na UFMG e não me identifiquei. Eles não tinham o espírito empreendedor que eu buscava." Passou a sonhar em ser juíza.

A segunda mudança aconteceu quando fazia estágio na Defensoria Pública. "Percebi que eu gostava de estudar direito, mas não queria trabalhar com aquilo", diz. "Via as pessoas enrolando no trabalho e não conseguia conviver com isso." Decidiu então voltar à administração, em outra faculdade. Foi para o Ibmec, onde sua irmã estudava.

Ali testou o caminho do empreendedorismo. Sua mãe tinha uma loja de roupas e Júlia criou uma marca própria, para vender na faculdade. Foi nessa época que conheceu a Fundação Estudar. "Eu me inscrevia em tudo, qualquer palestra que aparecia, *workshop* que alguém indicava, de qualquer assunto", diz. Uma das palestras foi da Estudar. Inscreveu-se no processo seletivo em 2011 – e foi reprovada.

Ela se sentiu provocada. Começou a pesquisar o nome de todos os bolsistas para entender o que era preciso para ser selecionada. "Percebi que eram pessoas que faziam coisas excepcionais", diz. Seu namorado falava: "Júlia, isso aí é gente de outro nível, muito mais nerd que você." Quando soube do caso de Gabriel Benarrós, um garoto de Manaus que estava em Stanford, pensou: "Se alguém de Manaus pode, do Piauí também pode."

Inscreveu-se de novo em 2012. A cada fase, ficava mais impressionada com o processo: "Eles perguntam muito mais do que eu imaginava", conta. A cada etapa, diz, aprendia mais, inclusive sobre si mesma. "Fui me apaixonando pela Estudar durante as entrevistas."

Júlia beneficiou-se do fato de não estar preparada – as respostas espontâneas têm mais peso no processo – e, obviamente, de ser alguém que busca a excelência. Nem as gafes da entrevista final a atrapalharam. "Eu chamei o Lemann de velho. Na hora que me perguntaram quem eu admirava, disse que era ele, porque apesar da idade bem mais avançada... E aí, pronto, todo mundo começou a rir." Mais uma vez, o conserto foi pior que o escorregão original: "Não, eu não disse que o senhor é velho, o senhor só não é jovem."

Júlia pleiteou uma ajuda de zero real para pagar a faculdade. "Eu quero estar aqui por dois motivos", disse ela numa das entrevistas. "Um, porque vocês oferecem mentoria e meu sonho é fazer MBA. Quero alguém que me mostre como é estudar fora. Dois, porque vocês têm essa rede em que os bolsistas se relacionam, e eu sinto falta de encontrar gente que também queira fazer alguma coisa grande. Na minha sala, por mais que o Ibmec seja uma faculdade excelente, poucos querem fazer alguma coisa fora da caixa."

A mentoria se revelou essencial para mais uma mudança de foco na vida de Júlia. No final da faculdade, em 2013, ela fez um intercâmbio na Universidade do Arkansas. Já pensava em abrir uma empresa de moda, mas teve a ideia de tornar-se *trainee* de uma grande companhia antes. Conseguiu o contato de Bernardo Hees, que a encaminhou para os testes no Burger King. Foi contratada como estagiária. Como na experiência da faculdade de direito, aquilo lhe bastou: "Amei o estágio. Serviu para ver o que eu não queria."

Nessa hora, Marcelo Bellini, seu mentor na Estudar, veio em seu socorro. "Só me fazendo perguntas, ele conseguiu me fazer enxergar coisas que não enxergava", diz. Desde os 14 anos, Júlia guardava dinheiro para ter um negócio próprio. Pegou esse dinheiro e chamou a irmã para montar a Oficina de Inverno, uma empresa voltada para venda de roupas de frio. E qual o melhor lugar para abrir uma loja de roupas de frio? O Piauí, é claro – onde as temperaturas variam entre 20ºC e 45ºC.

"Sem a orientação do Marcelo, teria dado muito medo mergulhar nesse projeto, porque todo mundo me falava que era loucura, todos os meus professores, meus diretores", diz. Sua ideia, porém, era que, justamente porque o clima é muito quente, as lojas não fazem estoque de roupas de frio e, quando as pessoas vão viajar, não têm onde comprar. Júlia também participou, em 2013, do programa de liderança da Estudar, que lhe infundiu mais coragem para dar o salto. "Até a minha mãe ficou surpresa. Disse que tinha criado uma filha para o mundo e ela ia voltar para o Piauí..."

No primeiro mês de funcionamento, agosto de 2014, o site que as duas irmãs criaram faturou apenas R$ 500. Antes de completar um ano, as vendas mensais haviam saltado para R$ 20 mil. As mudanças de foco continuam – só que agora são viradas dentro do próprio negócio. "Quando colocamos o site no ar, o objetivo era vender no Nordeste. Mas, depois de um tempo, percebemos que quase 70% das vendas eram para o Sudeste, então já estamos reorganizando a empresa, porque as nossas premissas básicas não estavam muito corretas." As promoções de entrega gratuita na região, por exemplo, não surtiam efeito. O *layout* era muito jovem, mas a maioria dos clientes estava na faixa dos 45 anos para cima. Saber mudar é parte do segredo de um bom negócio.

"A gente começou vendendo na loja da minha mãe, e hoje as roupas de frio já representam 50% do faturamento dela", afirma. A sede da empresa fica no quarto da outra irmã, que mora em Belo Horizonte. Elas desenham as peças e contratam terceirizados para a produção. No site, agora elas dão dicas de viagem, com ajuda de seis "correspondentes", amigas que moram fora. "Quero que a Oficina de Inverno seja uma marca de viagem", diz. "No futuro a gente quer abrir uma linha de verão, vender acessórios. Muita gente disse que o meu sonho era pequeno, mas eu não estou sendo pequena porque quero ser pequena; estou sendo pequena porque é o primeiro passo nas minhas atuais condições para ser grande no futuro."

A hora de insistir, a hora de pivotar

Foco é uma das principais características de quem quer realizar algo. Ter foco faz você canalizar as energias, aumenta sua eficiência. Mas ter foco também é um risco, especialmente em épocas de muitas inovações – enquanto você está muito focado em algo, não percebe as mudanças que podem tornar aquilo obsoleto. Saber a hora de mudar é essencial. O termo que os jovens empreendedores adotaram para designar a ação de trocar de foco e mudar de rumo é "pivotar": girar em torno de um eixo e assumir outra direção.

Quando a EzLearn de Ana Gabriela ia mal, ela pivotou. As tentativas de venda para empresas (B2B) não estavam dando resultado, então ela redirecionou a companhia para vender direto aos clientes (B2C). E criou um modelo de sociedade baseado na meritocracia.

Quando Kawoana Vianna ficou frustrada por não ganhar nenhum prêmio na feira de ciências, pivotou sua pesquisa – depois alterou novamente seu objetivo, até chegar ao que de fato era inovador. No caminho, procurou ajuda de toda sorte: da pesquisadora de uma universidade, do pai de um colega que podia ajudar a produzir sua meia com nanopartículas, do único laboratório capacitado a fazer os testes de que precisava... Buscar ajuda não é deixar de ser protagonista – é tornar-se ainda mais responsável pelos resultados em vez de pensar apenas no seu ego.

Há uma linha tênue entre a necessária obstinação para realizar algo grande e a teimosia que leva um projeto (e seu capitão) a afundar.

Também há uma linha tênue entre a inquietude que leva a realizações cada vez mais impactantes e aquela que leva simplesmente à angústia. "Eu faço mentoria de muitos jovens, e vários deles ficam deslumbrados depois que viram bolsistas", diz Colin Butterfield, bolsista da Estudar de 2002. "Eles quase se perdem na carreira porque se impõem uma pressão enorme de ser melhor do que todo mundo que acabaram de conhecer." Uma coisa é sentir-se estimulado, outra é viver sempre com a sensação de que nada é bom o suficiente.

CAPÍTULO 20
LEVE TUDO PARA O LADO PESSOAL

Esqueça a divisão entre vida e trabalho

"Procuramos ver se a pessoa tem brilho nos olhos, se tem espírito de dono, se vai levar as coisas no nível pessoal."

A receita de Marcel Telles para decidir se vai contratar (ou dar bolsa para) alguém inclui verificar se a pessoa tem duas características primordiais: vontade de realizar e disposição de se envolver. É isto que significa ter espírito de dono: levar as coisas no nível pessoal.

Não é uma receita óbvia. Em geral somos aconselhados a não deixar que os revezes nos atinjam, a nos preservar pelo distanciamento. Faz sentido: não levar as coisas para o lado pessoal nos protege mental, espiritual, às vezes até fisicamente. Ficamos menos estressados, convivemos melhor com as pessoas. Por outro lado, se não tomamos as coisas pelo lado pessoal – as críticas, os desafios, as frustrações –, não mudamos, não crescemos. Não nos tornamos mais parecidos com aquilo que desejamos ser.

É claro que é preciso atingir um equilíbrio: se tudo é pessoal, a vida vira um inferno – quando qualquer coisa é sua responsabilidade, o mundo pesa demais. Se nada é pessoal, tudo dá na mesma, nada vale a pena. A questão, portanto, é escolher. As atividades em que você decide se envolver, as pessoas que você adota para seu time, as coisas das quais você se apropria – essas têm de se tornar pessoais. Mas não para sempre: a vida é um jogo de absorver, transformar e desapegar-se, para iniciar um novo ciclo.

Levar as coisas para o lado pessoal também significa emprestar uma dedicação excepcional à sua atividade. É trabalhar 10, 12, 14 horas por dia, quando necessário. Há quem encare isso como uma maneira camuflada de explorar os empregados, de justificar a destruição do equilíbrio entre vida pessoal e trabalho. Carlos Brito tem uma resposta a esse argumento: "A gente aqui só trabalha com adulto. Não tem criança. Todos já passamos por essas questões de escolha na escola, no esporte, na vida em geral, portanto já deveríamos ter aprendido a administrar o nosso tempo e as nossas prioridades."

A questão é de autonomia. "Adulto é essa pessoa que sabe administrar suas escolhas. Claro, todos nós passamos por fases, às vezes você vai muito para um lado e aí tem que voltar um pouco. Às vezes eu estou viajando muito e o pessoal lá em casa reclama... aí eu faço um PRI – um programa de recuperação de imagem – e as coisas voltam a se equilibrar."

Segundo Brito, esse tipo de escolha acontece ao longo de toda a vida. "Na escola, você vai mergulhar nos estudos para tirar 10 em tudo ou vai ter vida social também? Vai praticar esporte para competir ou vai apostar nos estudos? Se arranjou uma namorada, vai ficar só com ela e abandonar os amigos ou vai equilibrar o tempo? Em qualquer momento da vida você está sempre tendo que priorizar, equilibrar... porque o tempo é escasso. Eu preciso correr 30 minutos por dia. Mas, com a minha agenda do jeito que é, tenho que acordar todos os dias antes das 5h30, senão não encontro meus filhos de manhã. A vida é feita dessas escolhas."

"Isso vale, é claro, para as pessoas que querem fazer algo grande. Se você optou por uma faculdade que não vai exigir muito, uma atividade física que não vai exigir muito, amigos que não vão exigir muito, uma empresa que não vai exigir muito, você não vai ter esses dilemas.

Mas, em qualquer fase, se você quer fazer alguma coisa legal, vai deparar com esses dilemas", diz Brito.

Levar as coisas para o lado pessoal tem a ver com paixão. É isso que explica Pedro Franceschi virar as noites até descobrir um modo de fazer um programa da Apple funcionar em português; é o que explica a insistência de Kawoana Vianna em chegar ao cabo de sua pesquisa de nanotecnologia; é o que explica Gilberto Giuzio passar três anos estudando sozinho, à luz de velas, para entrar no ITA.

Às vezes é necessário fazer o caminho oposto – em vez de levar para o lado pessoal, *trazer do lado pessoal*. A morte do pai fez Tábata Pontes mudar seu plano de carreira. Wilian Cortopassi se interessou pela ciência por causa do impacto provocado pela doença do pai. Nossos interesses, em última análise, são obrigatoriamente pessoais. Ser impessoal no trabalho é aceitar uma rotina robotizada, emprestar seu cérebro a algo alheio à sua vontade por oito horas por dia, cinco dias por semana.

Por fim, os laços pessoais impactam o resultado. Equipes que se dão bem produzem melhor. Há, no entanto, um ponto ótimo para isso. Segundo pesquisadores, times com laços pessoais fortes demais desenvolvem homogeneidade de opiniões e perdem as vantagens da diversidade. Por isso, há que ser pessoal de uma forma impessoal – como mostra a história a seguir, de Mateus Bandeira.

CAPÍTULO 21
JULGUE AS PESSOAS SÓ PELO QUE ELAS FAZEM

O efeito Mateus Bandeira: da implicância com hierarquias à presidência da maior consultoria do Brasil

"Permissão, capitão. Não entendi onde está o subversivo. Gostei muito do discurso, até gostaria de me juntar a ele..."

O gaúcho Mateus Affonso Bandeira não era exatamente um exemplo de respeito à hierarquia no curso de preparação de oficiais da reserva da infantaria (NPOR), no final da década de 1980. Quando o capitão fez a turma ouvir a gravação do discurso de um padre sobre direitos sociais e, em seguida, expôs a missão de capturar os subversivos, ele não hesitou em fazer a provocação.

Atitudes como essa, segundo ele, lhe renderam mais de uma dezena de finais de semana em detenção, até ser excluído do curso, a bem da disciplina. "Durante os primeiros meses, eu fui um dos melhores combatentes e o pior aluno", afirma. A indisciplina podia ser coisa de família. O pai também havia tido problemas no Exército.

Mateus nasceu numa família de classe média, em Pelotas. "Meu pai fez de tudo, foi padeiro, cobrador de ônibus e até operário. Só foi estudar mais velho. Quando se formou, tinha 40 anos e quatro filhos (depois teve mais um), mas antes fez concurso e entrou para a Secretaria de Fazenda." Mateus não esperou tanto.

Quando deixou o Exército, concluiu a faculdade de informática. Arranjou emprego, mudou-se para Porto Alegre, depois para São Paulo, até que um dia, em 1991, o pai telefonou para dizer que em breve haveria concurso para admissão na Secretaria. "Tirei férias para me preparar", conta. "Eram 10, 12 disciplinas que eu nunca tinha visto. Quando percebi que não ia dar para passar, pedi demissão e fiquei mais dois meses estudando."

Mateus passou no concurso, mas a nomeação demorou a sair. Então continuou em São Paulo, trabalhando como supervisor de TI na Iochpe, um grupo do setor automotivo. Nesse ínterim, o pai foi diagnosticado com câncer, aos 49 anos. Mateus foi chamado para ocupar o cargo no ano seguinte, justamente quando o pai faleceu. "Não foi por gosto pela administração pública, nem pela grana, nem por vocação", diz. "O que me motivou a entrar na Secretaria foi voltar para o Rio Grande do Sul e ficar mais perto da família." Aos 24 anos, tornou-se o auditor mais jovem do estado.

A ascensão na carreira pública foi veloz. Mateus começou trabalhando em cidades pequenas do interior, mas logo voltou a Porto Alegre e passou para a assessoria do secretário da Fazenda, no governo Alceu Collares (PDT). O governo seguinte, de Antônio Britto (PMDB), foi reformador. "Ele tinha um ímpeto reformista, começou a fazer privatizações antes mesmo do governo federal, do Fernando Henrique", diz Mateus. Nessa época, foi enviado pela primeira vez para estudar fora. "Fui para Albany estudar o processo orçamentário do estado de Nova York, junto com mais nove brasileiros."

Mateus se beneficiou do efeito Mateus (mencionado no Capítulo 15): quem vai se aprimorando ganha mais oportunidades de se aprimorar – e foi selecionado para fazer outro curso, um programa de quatro meses na Itália. "Acabei escolhendo um tema que ninguém quis, então fiquei sozinho lá por três meses, atento a tudo que era oportunidade de aplicação da tecnologia da informação (TI) na administração pública."

Idealista, quatro anos antes ele tinha se filiado ao PT, o partido que na época era o mais identificado com a bandeira da ética na política. Quando Olívio Dutra, um dos fundadores do PT, venceu a eleição para governador, Mateus teve algumas decepções com a turma que entrava. Mas Vicente Rauber, também um dos fundadores do partido, o convidou para ser seu assessor especial na companhia de energia do estado, a CEEE. Ali conheceu a então secretária de Minas e Energia do Rio Grande do Sul, Dilma Rousseff.

"Ela gostou de mim, trabalhamos juntos por cerca de três anos", lembra. "Foi uma ótima experiência, porque ela é trabalhadora, dedicada, mas é uma pessoa superdifícil. Mateus virou uma espécie de pupilo de Dilma. "Tínhamos nossas diferenças, mas nos dávamos muito bem."

Mateus ficou tão próximo de Dilma que passou sua lua de mel com ela. "Eu me casei e tive que viajar a trabalho com a Dilma na semana seguinte. Só viajei com a minha esposa duas semanas depois." Em 2001, porém, uma desavença em relação aos projetos de negócios que ele liderava (uma empresa que operaria uma rede de telecomunicações construída sobre a rede elétrica) levou a uma briga feia – e Dilma pediu sua cabeça. Rauber contornou a demissão, mas Mateus retomou os planos de fazer MBA. E ficou sabendo da Fundação Estudar.

Na entrevista final, em 2002, ano de eleições, a primeira questão que Beto Sicupira lançou foi: "Quero que vocês digam em quem vão votar para presidente e por quê." Mateus suspeitava que era o único petista entre os candidatos – talvez o único petista em todo o prédio onde funcionava a GP. E pensou: "Estou ferrado, essa bolsa já era."

É pessoal, mas é impessoal

Um dos principais valores da Fundação Estudar é a impessoalidade. Pode soar contraditório com o princípio de levar as coisas para o lado pessoal, mas não é. A impessoalidade significa que o que conta são seus atos. É a meritocracia em ação: vale o que a pessoa é capaz de fazer. Como ninguém consegue prever de onde sairão os grandes talentos, qualquer preconceito pode significar uma perda de oportunidade. Não importa se o candidato é rico, pobre, homem, mulher, homossexual, branco, negro, se tem voz esquisita, se manca... O que interessa é o seu potencial de impacto.

Também significa que não há espaço para favorecimentos. Os contatos, os laços que favorecem o *netgrowing* têm de ser baseados na meritocracia.

Beto conta que sua pergunta, que na época Mateus interpretou como discriminatória, na verdade era apenas uma tentativa de provocar os candidatos, ver quem se saía melhor no embate de ideias. Mateus defendeu seu voto em Lula – e passou no teste.

Naquela época, a Fundação Estudar se convenceu de que sua função não devia mais ser apenas fortalecer o ambiente de negócios do país. Estava claro que o Brasil precisava também de mais gente talentosa na gestão pública. Mateus foi o candidato exemplar dessa nova tendência.

Ele ganhou uma bolsa generosa para a época: US$ 40 mil. Cursou o MBA na Wharton, da Universidade da Pensilvânia. Na volta, Beto Sicupira o apresentou a Marcos Lisboa, então secretário de Política Econômica do ministro Antonio Palocci. Depois o apresentou a Aloízio Mercadante, que em 2006 concorria ao governo de São Paulo pelo PT. Mateus trabalhou na elaboração de seu programa de governo.

No ano seguinte, Mercadante queria que ele servisse no Governo Lula, mas seu lado gaúcho falou mais alto. A governadora Yeda

Crusius (PSDB) convidou-o para ser seu subsecretário do Tesouro (depois ele se tornaria secretário de Planejamento e Gestão). "O estado estava quebrado, mas conseguimos dar a volta por cima, depois de 37 anos consecutivos de déficit", conta. "Nos primeiros três meses, trabalhei todo fim de semana, montamos uma equipe muito boa." Logo que assumiu, um blog local estampou a manchete: "Yeda entrega a chave do cofre a um petista." Já não era verdade. Mateus havia tomado o cuidado de se desfiliar do partido.

Em 2010, Mateus virou presidente do Banco do Estado do Rio Grande do Sul (Banrisul) e, no início de 2011, foi convidado para assumir a presidência da consultoria de Vicente Falconi (que na época se chamava INDG), a maior do Brasil. Ocupou o cargo até início de 2017.

"Foi um desafio extraordinário", conta. "Entrei numa consultoria grande para caramba, mas que ainda não tinha um programa de sucessão, não tinha um modelo de sociedade." Sua missão ali era justamente desenvolver uma cultura mais próxima do estilo da Estudar.

"Nosso projeto era fazer uma sucessão do Falconi e montar um modelo para perenizar a empresa, transformá-la num negócio que possa impactar outras empresas e o Brasil. Ela pode ser a primeira consultoria brasileira de gestão a brigar em pé de igualdade com as grandes consultorias internacionais", afirma Mateus.

Tratava-se, basicamente, de aplicar na própria Falconi o modelo que ela mesma tem ajudado a implantar em inúmeras empresas e órgãos públicos. Boa parte da cultura Estudar tem como base o trabalho que Vicente Falconi desenvolve desde a década de 1970: procurar exemplos de excelência, comparar-se e avaliar o que falta para chegar lá; estabelecer metas e meritocracia; e selecionar e treinar pessoas alinhadas com os objetivos da empresa. Falconi foi um dos grandes suportes para a criação da cultura da Ambev – implantada também em diversas companhias que são modelo de eficiência em seus setores, como Itaú, Suzano, Klabin... e a Fundação Estudar.

A História da Fundação Estudar – 5

A entrada da nova geração e o começo do faroeste

"Eu tenho 75 anos,
não vou estar aí para sempre."

A frase de Lemann, dita em 2014, representa o processo que começou poucos anos antes na Fundação Estudar. Tratava-se da aplicação de um dos preceitos mais caros à sua cultura: a formação de pessoas que pudessem suceder os fundadores e perpetuar a instituição. Assim como em todas as organizações do trio, era preciso criar um negócio duradouro, autossustentável e maior do que seus fundadores.

Não é apenas uma questão de substituir uma geração pela próxima – é evoluir, adaptar-se aos novos tempos, revigorar a organização. Nesse rumo, a primeira ação foi dar mais responsabilidades aos bolsistas. O advogado Marcelo Barbosa foi o primeiro a ingressar no conselho curador da Fundação Estudar, em 2010. Em breve viriam outros.

Em 2012, o bolsista Renato Mazzola deu início a uma aproximação do BTG Pactual, onde trabalhava, com a Estudar. O objetivo era trazer um aporte de dinheiro para que a Estudar crescesse e aumentasse exponencialmente seu impacto. A ideia foi levada a Lemann. "Ele disse que a proposta fazia sentido, mas queria aproveitar para rediscutir a governança da Fundação Estudar, e isso ia demorar um pouco mais", diz Mazzola.

Lemann já tinha tido uma experiência anterior de aceitar financiamentos de empresas. Na década de 1990, os três sócios deram a Aik Brandão, a primeira superintendente da Fundação Estudar, a missão de "passar o chapéu" entre empresários que tivessem interesse em ajudar a dar bolsas para jovens promissores. Um dos procurados foi Salvatore Cacciola, do Banco Marka (que anos depois se envolveria num escândalo de informação privilegiada). Cacciola gostou tanto da ideia que deu a Aik uma quantia 10 vezes maior do que ela esperava. Quando voltou com o cheque, feliz da vida, os três sócios tiveram uma reação oposta à que ela imaginara. "A Fundação Estudar não está à venda!", disse Lemann, e mandou que ela devolvesse o dinheiro.

Com Mazzola, porém, a reação foi outra. Os três fundadores armaram um novo desenho para a Estudar: aceitaram o BTG Pactual, mas, para equilibrar influências, incluíram outras duas empresas no apoio à entidade: a Ambev e a consultoria Falconi. Cada uma se comprometeu com a doação de um terço do orçamento anual, por quatro anos, entre 2012 e 2016, para alavancar as atividades da Fundação Estudar.

Junto com a verba, vieram outras mudanças. Os presidentes das empresas mantenedoras passaram a fazer parte do conselho curador da fundação e foi criado um novo comitê executivo, formado majoritariamente por bolsistas, entre eles o próprio Mazzola.

Até então, o comitê tinha Lemann como um dos integrantes e os encontros ocorriam a cada dois meses. A nova estrutura – que levaria Barbosa à presidência do conselho – tinha por objetivo dar mais agilidade ao processo de decisão. Se antes qualquer assunto tinha de esperar a bênção dos fundadores, cada um com uma agenda mais ocupada do que o outro, daquele momento em diante a maioria das questões passou a ser resolvida por mensagens de celular, em minutos.

Logo no início, a direção da Estudar também mudou. Seus novos diretores tinham perfil mais empreendedor e sonhavam em transformar a instituição. "Queríamos construir uma organização social com DNA de startup de alto crescimento: leve, rápida e dinâmica", diz Fabio Tran, que assumiu a Estudar em 2013 junto com Rodrigo Teles.

Uma característica dessa fase foi a transformação da equipe: a Estudar começou 2011 com apenas três funcionários; em 2012, já eram 10; em 2013, passaram a 25; e em 2016 já somavam mais de 50. A mudança não se deu apenas na quantidade. Os funcionários hoje têm um perfil parecido com o dos bolsistas – são jovens, arrojados, dispostos a trabalhar duro, com gana de realizar algo grande.

Espírito de dono é o que não faltava. "O Rodrigo queria que nos apresentássemos simplesmente como sócios", conta Fábio. A parceria funcionava como uma sociedade e os dois tinham perfis complementares. Fábio cuidava da operação, dos processos e do desenvolvimento dos negócios; Rodrigo se encarregava do marketing, da difusão do propósito, da governança e das relações institucionais. "Ambos cuidávamos do time e de nós mesmos", diz Rodrigo. Outro sinal dos novos tempos foi a mudança de sede. A fundação saiu da região dos Jardins para a Vila Madalena, um bairro mais "descolado", mais informal, mais jovem.

Nessa fase, a rotina era... inexistente. Quase todo dia surgia um novo produto, um novo serviço, um novo colaborador. "Rotina se cria uma vez que há processos estabilizados e é possível entrar em fase de melhoria contínua. Não era o caso." Rodrigo e Fábio precisavam construir uma nova Fundação Estudar, que desse escala à missão da organização. "Como dizia o Beto, primeiro vem o faroeste e depois colocamos o xerife. Era época de faroeste", resume Rodrigo.

PARTE VI

PROVOCAR IMPACTO

A filosofia Estudar:

- Negócio social também é negócio... e todo negócio é social.
- Só vale a pena gastar energia em coisas que ajudam a deixar sua marca, seu legado.
- O resultado válido é aquele que tem longo alcance, é a obra que fica de pé sem depender da sua presença.

"Quando contamos a nossa proposta, vimos os olhos dele brilharem. Ele ia ter a esperança de poder pegar alguma coisa novamente."

A proposta do estudante de administração piauiense Filipe Gabriel Costa e de mais oito universitários era construir a primeira prótese de mão feita no estado em uma impressora 3D. Quem iria recebê-la era um rapaz de 22 anos que havia perdido os dedos da mão, uma perna e um pé por sequelas de uma meningite. A mão se tornou realidade em apenas um mês, depois que Filipe participou do programa de liderança da Fundação Estudar, que incentiva a descoberta de um propósito e o desenvolvimento de competências para realizá-lo. Ao todo, a prótese saiu por meros R$ 170. Em pouco tempo, Filipe já trabalhava em melhorias para a peça: pretendia fazê-la com material mais leve, torná-la mais fácil de usar e cobri-la com uma luva de silicone.

Filipe e seus colegas são um exemplo do que a cultura Estudar prega: ações que tragam impacto. Parece óbvio – afinal, ninguém deseja realizar projetos inócuos, passar despercebido pelo mundo, batalhar para tornar-se um zero à esquerda. Mas é comum que as pessoas se conformem com papéis aquém do seu potencial, que reduzem sua esfera de influência. Para combater a complacência, a cultura da Estudar incentiva uma transformação ao longo do programa de liderança, que chama de salto: mover-se, em geral por meio de uma ação ousada, para provocar mudanças mais amplas na vida de outras pessoas.

Há saltos de inúmeros tipos, como mostram os exemplos a seguir:

• Após participar do programa de liderança da Estudar em Criciúma, os catarinenses Jeison Cechella, Túlio Magnus e Christian Engelmann fundaram a Reverse, uma startup que facilita a gestão do lixo (montando uma rede que informa onde descartar cada tipo de detrito). O projeto foi adotado pelas prefeituras de Criciúma e de Nova Veneza e recebeu o prêmio de sustentabilidade da Novellis, uma das maiores produtoras e recicladoras de alumínio do mundo.

• Às vésperas de terminar a faculdade de arquitetura em Ouro Preto, a mineira Luíza Negri tinha dúvida sobre qual caminho seguir. Após cursar o programa de liderança da Estudar, decidiu fazer de sua dúvida o caminho. Em 2014, criou a página "Formei, e agora?" no Facebook. A página é voltada para quem está terminando ou acabou de sair da faculdade e tem angústias sobre suas escolhas. "Eu queria encontrar um caminho para mim por meio das histórias dos outros", afirma Luíza. "Sempre peço para a pessoa contar todo o seu processo, incluindo os erros." No fim de 2016, a página já tinha quase 30 mil seguidores. O sucesso a levou a fazer um curso de *coaching* e seguir sua própria carreira de conselheira de carreiras.

• A paulista Juliana Quintanilha fazia um mestrado em biologia molecular do câncer e largou-o para se tornar analista de negócios na consultoria McKinsey. Após participar do programa da Estudar focado em autoconhecimento, ela concluiu que sua vontade de abraçar uma causa nobre a levara a um caminho que tinha pouco a ver com suas motivações intrínsecas. "Em 24 horas de curso, vi com outros olhos os 24 anos da minha história. Fui capaz de entender quem eu sou, identificar meus valores, definir meu propósito, traçar planos de ação para meu desenvolvimento e direcionar minhas escolhas para uma trajetória que possibilite concretizar meu legado", afirma. No final do programa, ela concluiu que a carreira acadêmica não estava de acordo com o que realmente desejava. "Percebi que o que me encantava na ciência eram a causa nobre e o desafio intelectual, mas me desmotivava dedicar esforços a tópicos tão específicos." Na consultoria, ela acredita que pode atuar na solução de problemas relevantes com impacto social mais imediato.

• O gaúcho Matheus Saueressig descobriu por meio do portal Estudar Fora (que estimula jovens brasileiros a viver uma experiência acadêmica no exterior) um concurso de ideias para cursos do futuro, promovido pela Universidade do Oeste da Austrália. Matheus enviou um vídeo defendendo a biofabricação, que é a construção artificial de derivados biológicos (como alimentos, tecidos e órgãos) sem a necessidade de sacrificar animais ou depender de doadores humanos. Ficou em primeiro lugar na avaliação dos professores e ganhou um prêmio de US$ 10 mil para que pudesse aprofundar a pesquisa. Com o dinheiro da bolsa, foi conversar com pesquisadores nos Estados Unidos e na Holanda, para enfim apresentar suas conclusões na cidade de Perth, na Austrália. "O potencial do projeto é enorme – imagine produzir carne sem sacrificar animais e ainda reduzir as queimadas de florestas", diz Matheus, que cursa engenharia elétrica na UFRGS. "É impressionante o alcance do Estudar Fora", diz. "Foram cerca de 210 candidatos no concurso australiano, e mais da metade dos participantes eram brasileiros."

É claro que, quando se dá um salto, sempre existe o risco de não alcançar o outro lado e cair no abismo. No caso de iniciativas pessoais, uma das premissas da cultura Estudar é que não tentar é pior do que fracassar. É bom mapear o terreno, exercitar-se, escolher o melhor ponto para a tentativa – mas em algum momento é preciso saltar. E, se há mentalidade de crescimento, mesmo o fracasso tem seu lado positivo: conta como aprendizado.

E, para avaliar se um salto vale a pena, a verdadeira métrica é seu potencial de impacto sobre os outros. É isso que determina se o sonho é grande o suficiente.

CAPÍTULO 22

NEGÓCIO SOCIAL TAMBÉM É NEGÓCIO...

O paraibano que saiu de Harvard para a favela e a mineira que entrou na lista da felicidade da Inglaterra

"Perguntaram se eu era traficante, se era viciado, se era policial disfarçado..."

Quando alugou um barraco na favela do Vidigal, na zona sul do Rio de Janeiro, o paraibano Pedro Henrique de Cristo suscitou desconfianças: não é sempre que um rapaz de classe média resolve se mudar para a comunidade. Ainda mais alguém que havia pouco tempo morava em Harvard – onde fez mestrado em design de políticas públicas. "Minha tese foi uma análise sobre urbanismo, educação e as UPPs (unidades de polícia pacificadora) no Rio de Janeiro", conta. "Logo depois da formatura, a Escola de Arquitetura e a Escola de Educação de Harvard transformaram a minha tese em aula."

O trabalho virou mais que um *case*. Tornou-se, para ele, um caminho de integração entre inovação urbana, ação social e negócio. Foi isso que o levou para a favela do Vidigal, onde o projeto virou um caminho de integração entre a comunidade e a natureza.

Não foi a primeira vez que Pedro fez projetos sociais. Filho de dois arquitetos e empreendedores, ele cresceu "numa ilha de excelência" em João Pessoa. Aos 16 anos, ganhou uma bolsa do Rotary Club para fazer intercâmbio e terminou o ensino médio nos Estados Unidos. Depois, já na faculdade de administração pública, ganhou outra bolsa, do programa federal de bolsas Piani, para a Universidade de Leeds, na Inglaterra, onde cursou matérias nas áreas de ciências e economia. Lá teve contato com os estudos do Prêmio Nobel de economia indiano Amartya Sen sobre agência, cidadania e desenvolvimento. "Isso mudou minha cabeça", diz. Pedro voltou com vontade de integrar o trabalho de políticas públicas, que estudava, com a arquitetura e o urbanismo.

Depois que seu grupo de faculdade promoveu um debate sobre a situação da cidade, a prefeitura de João Pessoa o convidou para ajudar num projeto de economia de água. "Com o apoio dos moradores, principalmente das mulheres, conseguimos diminuir o gasto de água, economizamos R$ 5 milhões e montamos um sistema de gestão da comunidade em parceria com a prefeitura." O programa ganhou um prêmio da ONU como uma prática de referência para replicação global.

Aos 26 anos, em 2009, Pedro Henrique foi aceito em Harvard. Foi aí que conheceu a Fundação Estudar. "O que achei mais legal foi o estilo dos bolsistas, porque era uma galera toda arrumada, tudo bem profissional, mas com uma informalidade bacana, sem frescuras", diz. "Foi muito bom, descobri um mundo novo."

Pedro descobriu vários mundos novos. Arranjou um trabalho na ONU, teve ofertas de fundos de investimentos – mas preferiu se mudar para a favela. No Vidigal, conheceu Mauro Quintanilla e Paulo Cesar de Almeida, dois moradores que haviam limpado um terreno que abrigava 16 toneladas de lixo – e propôs trabalhar com eles.

A mudança para o Vidigal, segundo ele, fazia todo o sentido profissional, "porque o maior desafio do mundo hoje é integrar as favelas". Com sua formação interdisciplinar – ele prefere se definir como um designer *antidisciplinar* –, Pedro levaria o projeto de Quintanilla e Almeida a outro patamar, transformando um aterro de lixo em um parque ecológico.

"Era um lixão de 16 toneladas, que os moradores limparam durante oito anos", afirma. "Quando chegamos, o parque tinha 1.100 metros quadrados. Em dois anos e meio, ampliamos para 8.500 e hoje tem mais de 10 mil." A área, batizada de Parque Sitiê (mistura de sítio com tiê, nome de um pássaro), ganhou um dos mais respeitados prêmios de arquitetura, urbanismo e design do mundo, o SEED, ficando à frente, inclusive, do projeto da nova capital da Coreia do Sul.

Ali foi aberta uma trilha para o morro Dois Irmãos e montada uma cooperativa de guias turísticos. O parque também tem atividades de educação ambiental, tecnologia e artes para as crianças. "A ideia é transformar o Vidigal no melhor bairro do mundo."

A esse trabalho social, *pro bono*, Pedro Henrique uniu o projeto que o sustenta. Em 2013, ele e arquitetos americanos e de outras nacionalidades criaram o estúdio +D, com sede dupla, no Vidigal e em Cambridge, nos Estados Unidos. "O trabalho *pro bono* permite que o Sitiê e o Vidigal sejam nosso laboratório", diz. "A gente está desenvolvendo modelos 3-D da favela e um sistema de sensores para medir a qualidade da água e fazer o mapeamento de todos os canos de água e esgoto da comunidade." Nesse mesmo ano, Pedro ganhou o prêmio Carioca do Ano da revista *Veja Rio* por seu trabalho em urbanismo.

Com uma equipe de cinco profissionais, a +D faz projetos comerciais de arquitetura e conceituais públicos e privados, e de pesquisa internacionalmente. "Tivemos a honra em 2016 de participar das bienais de Veneza e Roterdã, e da de Harvard em 2015", diz. "O projeto do Sitiê foi um trabalho gratuito, mas hoje lá tudo é profissionalizado. Desde o início de 2016, sou um dos nove funcionários do parque, que é o primeiro a ser criado e liderado formalmente por uma comunidade no Rio – e na área que mais se valorizou economicamente durante as Olimpíadas."

A união entre negócios e filantropia

A mineira criada em São Paulo Daniela Barone Soares também sempre quis fazer trabalho social. Mas não gostava de política e achava que as visitas a crianças carentes que fazia na adolescência tinham um impacto muito limitado. Decidiu, então, que ganharia muito dinheiro para mais tarde dedicar-se à filantropia.

No início da década de 1990, começava a cumprir o plano: estava indo muito bem no programa de *trainees* do Citibank – tão bem que já tinha recebido uma dupla promoção. Como parte do programa, fez um curso de três meses nos Estados Unidos, e passou a sonhar em ter uma experiência de trabalho fora do Brasil. Quando perguntou a seus superiores se podia ser transferida para Nova York, a resposta foi "Claro, você tem muito potencial". Bastaria trilhar o plano de carreira do banco e, dali a uns 10 anos, teria essa oportunidade. Foi aí que Daniela decidiu largar o banco e fazer um MBA.

"A Fundação Estudar foi um ponto de inflexão para mim, porque viabilizou uma total mudança de carreira", diz. Daniela vendeu o que tinha e conseguiu a bolsa da Estudar, em 1995, para fazer seu MBA em Harvard. Foi também a primeira bolsista do Instituto Ling, uma entidade montada pelo Grupo Ling, dono da holding industrial Évora (no ano anterior, o empresário gaúcho William Ling tinha ido ao Rio de Janeiro para se inspirar na Fundação Estudar).

Daniela trabalhou em um fundo de investimentos em empresas (*private equity*) durante sete anos, fazendo uma ponte tripla entre Boston, Nova York e Londres. Mantinha sua rotina de voluntariado nas horas vagas, visitando uma escola perto de Harvard para ler para crianças carentes e ajudá-las nas lições de casa.

Até que lhe pediram ajuda para formatar um plano de negócios para uma ONG de Nova York. Nesse momento, percebeu que podia unir sua formação com a vontade de atuar no terceiro setor. "A parte financeira, de administração organizacional, de governança, isso sempre foi a minha forma de gerenciar qualquer coisa", afirma. "Quando entendi que, no terceiro setor, isso era tão necessário quanto no setor privado, mas nem sempre estava presente, vi que fazia sentido migrar."

O estalo ocorreu em 2000, segundo ela, mas a transição ainda demoraria três anos. Depois de atuar em dois projetos de seis meses, em 2004, ela começou a trabalhar com a organização filantrópica Save the Children, que visa proteger crianças em situações de risco. Dois anos depois, tornou-se executiva-chefe de uma startup do terceiro setor, a Impetus, "a primeira *venture philanthropy* do Reino Unido". Trabalhar com isso era o sonho de Dani.

"Eu morri e fui para o céu, porque era a combinação de *private equity* com o setor social." Tratava-se de avaliar as pessoas, a organização, a governança, montar um plano de negócios e dar apoio e assistência técnica às organizações sociais. Para realizar esse trabalho todo, a Impetus procurava profissionais do mercado para fazer trabalho gratuito.

Nos nove anos em que ficou lá, a Impetus saltou de três funcionários para 45. As doações a ONGs passaram de 1 milhão de libras para mais de 11 milhões (cerca de R$ 60 milhões). Daniela também coordenou duas parcerias com o governo britânico: um fundo de 135 milhões de libras para a educação e outro de 20 milhões de libras na área de saúde. "Tínhamos mais de 400 voluntários listados no nosso sistema." A vantagem do voluntariado com a Impetus era que as pessoas eram escaladas para atuar em sua área de especialidade – com ganho de eficiência e prazos bem definidos de trabalho.

Em 2008, Daniela foi eleita para a lista das 100 pessoas que tornam o Reino Unido melhor, uma "Happy List" (lista feliz) criada pelo jornal *The Independent*.

A Impetus teve uma trajetória tão ascendente que inspirou a criação de organizações parecidas – e elas acabavam disputando as mesmas verbas. Em 2013, Daniela liderou a fusão da Impetus com a Private

Equity Foundation. "Eu me tornei CEO da instituição combinada e liderei o processo, que é muito raro no terceiro setor e tão difícil quanto qualquer fusão."

O processo de combinação das duas ONGs demorou dois anos. Depois disso, ela achou que não tinha muito mais a fazer. "Eu podia ficar lá mais uns cinco anos, mas as conquistas iam ser pequenas em relação ao que eu já tinha alcançado", diz. Assim, em 2015 decidiu sair para um ano sabático – sem deixar as atividades de membro do conselho ou assessora de algumas organizações, inclusive o Insper, cujo conselho é presidido por Claudio Haddad, o mentor que lhe foi destinado pela Fundação Estudar.

As histórias de Daniela Barone e Pedro Henrique de Cristo mostram que não há diferença essencial entre a atuação em um negócio lucrativo e num negócio não lucrativo. Em ambos os casos valem as mesmas diretrizes: busca de eficiência operacional, propósito, cumprimento de metas, trabalho duro. E remuneração compatível para os profissionais. "A pessoa só trabalha bem quando recebe bem", diz Pedro Henrique. "E aí pode ser cobrada."

É comum as pessoas pensarem que o trabalho social é feito por idealismo e que, por isso, não precisa ser tão bem pago. O problema é que essa visão leva a encarar o trabalho como um favor, o que impede que ele seja inspecionado, avaliado e corrigido de forma profissional. O contraponto dessa opinião é que os serviços profissionais bem remunerados não carregam o componente do idealismo. Na visão da Estudar, não há essa distinção. O negócio com fins lucrativos deve ter, em sua base, o idealismo. Deve nascer de um sonho (de preferência grande). E o negócio sem fins lucrativos deve carregar todos os elementos de um trabalho profissional. Idealismo e profissionalismo têm de andar juntos.

CAPÍTULO 23
... E TODO NEGÓCIO É SOCIAL

Mentoria e difusão de valores: quem cai na rede tem que ajudar a costurá-la

"Errei muito no início. Tomei decisões importantes na vida sem ter ideia das consequências, só guiado pelo bom senso juvenil. É por isso que sou motivado a ser mentor."

O carioca Elsen Carvalho teve uma educação de classe média alta. O pai, bancário, e a mãe, enfermeira, vieram do Nordeste para fazer a vida no Rio de Janeiro – e conseguiram dar um bom padrão aos dois filhos. "Meu pai era um parceiro, melhor amigo, um ombro para tudo, apoio para qualquer coisa, mas definitivamente não era um mentor", diz.

A primeira vez que uma boa orientação lhe fez falta foi na hora de escolher a faculdade. Elsen gostava de economia, passou no vestibular para a UFRJ... e sofreu uma baita decepção. "Era um curso muito preso a uma ideologia de esquerda e eu tinha orientação mais pragmática, de querer fazer negócios."

Mais tarde, arrependeu-se de ter trocado as Lojas Americanas, onde começou a carreira, pelo Unibanco, que considerou burocrático e formal demais. Não se pode dizer que ele estava indo mal, ao contrário. Depois de um mestrado – com bolsa da Estudar – e de trabalhar em um banco de investimentos, Elsen montou com amigos uma empresa de jogos on-line pagos (a ideia era fazer um bingo virtual) que não deu lucro nenhum, mas o levou a conhecer a IP (Investidor Profissional), a primeira empresa de gestão de recursos independente do Brasil. "Não vamos investir na sua loteria, mas gostamos de você", disseram a ele.

Com o tempo, Elsen tornou-se sócio da IP. Entre 2004 e 2007, liderou o esforço que levou a empresa a passar de R$ 500 milhões para R$ 3 bilhões em ativos, com expansão para outras regiões do Brasil e para fora do país. Depois de nove anos, saiu da empresa para montar a Archipelago. Em 2015, decidiu dar uma guinada profissional: num momento de séria crise econômica, tornou-se um gestor especializado em recuperação de empresas com problemas.

Esse espírito inquieto, empreendedor, ele atribui à influência da Estudar. "Minha história demonstra isso. Nunca me preocupei em construir uma carreira sólida. Cheguei aonde eu queria, aí mudei! Meus pais não eram empreendedores, então de onde vem esse espírito? Imagino que seja da Estudar!"

Da mesma forma como recebeu influências positivas da rede, Elsen hoje se empenha em passá-las adiante, atuando como mentor e selecionador de novos bolsistas.

Ajudar pessoas a progredir

Disseminar os valores da Estudar, investindo tempo e recursos na fundação, é um outro modo de fazer filantropia, no entender da rede. A premissa é que esses valores ajudam as pessoas (e consequentemente o Brasil) a crescer. "Se conseguirmos encontrar, orientar e ajudar pessoas que se comportam de acordo com esses valores, e se elas forem espalhando isso, no médio e longo prazo vamos produzir um grande impacto na sociedade brasileira", diz Elsen.

Na Fundação Estudar, essa prática está inserida no conceito de "devolver". É um costume arraigado em países mais desenvolvidos, especialmente os Estados Unidos, onde muitas pessoas bem-sucedidas se sentem na obrigação de retribuir o bem que a comunidade lhes proporcionou. Com base nisso, as universidades americanas captam uma quantia considerável de dinheiro de seus ex-alunos (que atribuem boa parte de seu sucesso ao estudo e à rede de contatos que adquiriram ali). "Harvard tem uma dotação de US$ 37 bilhões e não passa uma semana sem que eles tentem tirar um dinheirinho de mim", disse Lemann aos ex-bolsistas, em uma reunião da Fundação Estudar. "Então eu também não tenho nenhum pudor de pedir a ajuda de vocês. A ideia é perpetuar a Fundação Estudar."

O dinheiro conta, é claro, mas não é o único meio de contribuir. O tempo é igualmente valioso – em horas de mentoria, em organização de programas, na seleção de candidatos, etc. Na reunião anual de 2015, os ex-bolsistas presentes participaram de uma espécie de concurso de doações, tanto de tempo quanto de dinheiro.

A mentoria sempre foi um ponto forte da rede da Estudar, tornando-se ao longo dos anos uma prática explícita. A cada bolsista é atribuído um mentor, que cumpre o papel de ouvir e analisar informações e opções nos momentos de decisão – seja dar uma guinada na carreira, aceitar um programa no exterior ou arregimentar sócios para uma empreitada. Os mentores costumam fazer um curso rápido para aprender a identificar os pontos-chave da questão e auxiliar sem impor suas opiniões.

É claro que a prática da retribuição não se restringe à Fundação Estudar. Antes de virarem bolsistas, Gustavo Torres lançou a organização Descobrindo o Sonho Jovem, Tabata Pontes iniciou o projeto Voa, para alunos carentes, e Henrique Dubugras começou a dar aulas para jovens de escolas públicas.

Mas, quando pessoas predispostas a retribuir passam a ter mais contato com a Estudar, explicitam seus valores também em outros ambientes (seja pelo sucesso, que cria inspiração, pelo impacto que provocam ou pela pregação a colegas).

O trabalho social clássico chama mais atenção, mas o dia a dia está repleto de oportunidades de ajudar os outros. Quando trabalhava na BRMalls, André Peixoto contratou dezenas de jovens de classe média baixa que estudavam administração à noite para lidar com a burocracia financeira da empresa. "Todo final de semestre eles tinham de me entregar o boletim. Não era política da empresa, era política minha", conta. Quando reclamavam que estavam sobrecarregados, ele retrucava: "Eu dormia três horas por dia para fazer a faculdade, não tem essa de trabalho pesado." Hoje, diz ele, 30% dessa turma se destacou, e não tem ninguém recebendo menos de R$ 7 mil por mês. "Alguns deles viraram gerentes, ganhando salário de R$ 25 mil. Muito legal!"

CAPÍTULO 24

PRATIQUE O EGOÍSMO INTELIGENTE

A lição dos morcegos que bebem sangue e das pessoas que escolhem outras para tomar a sua frente

"Tem um moleque lá de 18 anos, é um programador que me deixa na vergonha."

Segundo Pedro Franceschi, "esse negócio de contratar gente melhor que a gente é levado bem a sério" em sua empresa. Ele não se refere apenas ao programador, que diz ser mais hábil que ele. "Tem um cara que é espetacular para organizar cultura, gestão. Tem uma bióloga que é capaz de transformar qualquer reclamação de cliente em elogio..."

Alguns desses profissionais assumiram posições de alta responsabilidade, para responder pela empresa no lugar dos sócios fundadores. A ideia de contratar pessoas mais talentosas do que você para tomar o seu lugar exige desapego. Por isso é fácil encará-la como altruísmo; por isso é difícil praticá-la nas atividades que julgamos ser o cerne de nossa identidade. Mas não fazer isso é condenar sua obra a minguar quando você se afastar – e condenar-se a jamais partir para outras empreitadas. O caso de Pedro e seu sócio, Henrique Dubugras, os "gêmeos" que montaram uma empresa milionária aos 18 anos, é exemplar. Se não arranjassem sucessores, como poderiam deixar a companhia para continuar a graduação que iniciaram em 2016 em Stanford?

Não se trata de altruísmo. É egoísmo – mas egoísmo inteligente.

Egoísmo é normalmente definido como pensar em si próprio em detrimento dos outros. Mas esse é o egoísmo obtuso. O ser humano é social, precisamos dos outros para nos sentir bem. E as oportunidades se multiplicam quando podemos contar com outras pessoas.

Isso está no cerne da cultura Estudar. Como diz Beto Sicupira, "Jorge Paulo tinha a possibilidade de ficar com todas as ações para ele, mas teve a visão de distribuí-las, sem ganho próprio, para fazer o negócio crescer". Crescendo, a fatia do bolo – embora menor – vale muito mais.

"Em todas as empresas, e também nas nossas atividades filantrópicas, é muito isso: pegar pessoas que podem ir muito além do que elas mesmas pensam e ajudá-las a realizar esse potencial", diz Marcel Telles. "E depois andar na carona delas."

A vontade de ajudar os outros está atrelada à convicção de que isso leva ao crescimento pessoal – como mostra a história de Júlia Evangelista. Ela atribui a decisão de montar sua empresa de moda à mentoria e à experiência que teve no programa de liderança, e logo tratou de replicar as duas coisas. Em um ano, tornou-se facilitadora (uma espécie de supervisora) de edições do curso em Recife, Fortaleza e Brasília, além da versão reduzida do programa – de 16 horas, levada a cidades menores por alguém treinado pela Estudar – em São Luís, Nova Lima e Teresina. Não se achava capaz de ser mentora de ninguém, mas logo descobriu que seus conselhos foram valiosos para muita gente das redes que fomentou.

Sua ação é ao mesmo tempo altruísta e egoísta. "Eu, uma piauiense que sempre reclamou da falta de proatividade e meritocracia no nosso estado, voltei para a minha cidade incomodada, após passar seis anos em Minas Gerais", diz. "Sentia falta de ter contato com gente que sonhasse grande e fizesse acontecer." Resolveu então agir para criar uma rede com os valores da Estudar. "Depois de três edições de programas de liderança que fizemos em 2016, já não me sinto mais uma gota da Estudar. Passamos a ser uma colher de sopa de pessoas engajadas. E essa colher de sopa é capaz de levar impacto a uma piscina de gente boa."

Essa tendência de querer ajudar os outros pode ter um componente biológico. Segundo pesquisadores darwinistas, os genes que nos levam a ter um comportamento altruísta surgiram de estratégias de sobrevivência em animais que vivem em sociedade. É o caso dos morcegos que vivem em bando e se alimentam de sangue, estudados pelo biólogo Gerald Wilkinson na Costa Rica em 1983. Os morcegos saem à caça, mas não são bem-sucedidos em todas as empreitadas. Isso é crítico: se passarem 60 horas sem beber sangue, eles correm sério risco de morrer. No entanto, quando são bem-sucedidos numa caçada, em geral conseguem extrair mais sangue do que precisam. O que fazem? Levam o sangue extra para a caverna e o regurgitam na boca de outros morcegos que não se saíram bem naquela noite.

O mais impressionante, concluiu Wilkinson, é que os morcegos são bastante eficientes em identificar os colegas que não cooperam quando têm sangue extra. Espera-se – até entre morcegos chupadores de sangue – que uma boa ação seja retribuída com outra boa ação.

Altruísmo é egoísmo com visão de longo prazo

Há um porém. A lógica de deixar (e até incentivar) que outra pessoa cresça a ponto de ocupar o seu espaço só faz sentido se você considera o universo em expansão – um ambiente profissional em que sempre haverá oportunidades para se desenvolver, em que o caminho do sucesso é construído, mais do que descoberto.

Porém, se você acredita em um universo de recursos finitos, a competição predomina. Para quem pensa assim, o mundo se divide entre vencedores e perdedores. Cada recuo é uma frustração, não uma via de aprendizado. Levado ao limite, esse cenário lembra o filme *Highlander*, em que guerreiros se desafiavam em duelos mortais de espada porque, por alguma razão misteriosa, só podia sobrar um.

A vida real é feita dos dois modelos. Há casos em que o sucesso de uns é o fracasso de outros: a concorrência por um posto de trabalho ou uma vaga na universidade, a disputa com rivais pelo amor de alguém, a premiação do Oscar... Nesses momentos, a cultura Estudar favorece a luta com todas as armas possíveis, desde que dentro da ética. Trata-se da essência do sistema de meritocracia: se há competição, que vença o melhor. Isso também é um exemplo de egoísmo inteligente: a competição saudável, não viciada, aloca os melhores recursos nos lugares em que eles são mais necessários, o que beneficia o sistema como um todo.

Mas há casos em que não existe concorrência – pelo menos não ainda. É o reino da criatividade, da inovação. Você não está disputando um posto, está criando um lugar. Nesses casos, a cooperação suplanta a competição.

A premissa que sustenta a cultura da Fundação Estudar é a de que o segundo modelo – da inovação, do sonho – está acima do primeiro. De que o crescimento (pessoal, do negócio ou do país) é uma questão de talento, que se pode adquirir, e de vontade, que se pode estimular. Acredita-se que, com os valores certos, o universo pode estar sempre em expansão.

A história da Fundação Estudar – 6

A expansão dos programas e o mantra escrito a giz na parede da nova sede

"Eu quero que todos os jovens do Brasil conheçam a Fundação Estudar."

A frase de Renato Mazzola ilustra a nova ambição da Fundação Estudar. O processo de ir além das bolsas começou na reunião anual de 2010, no Insper, em São Paulo, quando Beto Sicupira fez uma veemente reclamação sobre os limites da instituição. A organização era ótima, disse ele, mas uma rede de 500 bolsistas parecia uma gota d'água numa população de 200 milhões de habitantes. A conclusão era clara: se a Fundação Estudar queria provocar impacto de magnitude maior, não poderia mais ficar centrada apenas em seus bolsistas.

A reformulação do conselho, agora com a participação de ex-bolsistas, e a injeção de patrocínio do BTG Pactual, da Ambev e da Falconi, entre 2012 e 2016, abriram caminho para a transformação. A missão conferida a Rodrigo Teles e Fabio Tran era criar mecanismos para atingir milhões de pessoas.

E mecanismos os dois novos diretores criaram. Só em 2013 foram testados 26 projetos – uma média de três empreitadas por mês –, que iam desde produtos educacionais e portais de conteúdo a possíveis fusões e aquisições de negócios já existentes. Eram tantas ideias ao mesmo tempo que as reuniões quinzenais já não pareciam suficientes para manter o comitê atualizado.

O período de explosão de projetos serviu para sedimentar a transformação. Em poucos anos, a Fundação Estudar passou de uma organização eminentemente voltada a cultivar uma rede de bolsistas para uma entidade de promoção de seus valores. Fabio Tran conta que teve certeza de que estavam no caminho certo quando foi se cadastrar na portaria de um prédio comercial e a recepcionista, ao ouvir que ele trabalhava na Fundação Estudar, disse: "Eu estudo administração à noite e estou procurando um estágio. O conteúdo do site Na Prática tem me ajudado muito."

"Nesse momento, a organização já estava mais ciente daquilo em que é boa: alavancar os estudos e a carreira de jovens universitários e recém-formados para que transformem a si e o Brasil, colaborando para disseminar pelo país uma cultura de excelência", diz Tiago Mitraud, que participou de todo o processo de mudança e no início de 2015 assumiu a direção da Estudar. "Consolidamos o conceito de comunidade estendida, criamos cursos de formação e conferências de carreira para universitários e recém-formados. Em seguida, lançamos dois portais de conteúdo, chamados Estudar Fora e Na Prática, com o objetivo de levar informação qualificada a milhões de jovens brasileiros", conta Tiago. Hoje, as iniciativas da Fundação Estudar estão organizadas em um tripé: formação de uma comunidade de líderes, estímulo a uma experiência acadêmica no exterior e apoio à tomada de decisão de carreira.

Para expandir o alcance sem perder o selo de qualidade da rede de bolsistas, a Fundação Estudar adotou o conceito de círculos concêntricos – como as ondas formadas pela água quando se joga uma pedra num lago. No círculo mais fechado estão os bolsistas. São centenas. Num segundo círculo, de diâmetro maior, estão os participantes de cursos e conferências de carreira. São milhares. No círculo mais afastado estão os internautas e leitores que têm acesso aos conteúdos produzidos pela equipe. São milhões.

O programa de liderança é uma das iniciativas para o círculo intermediário. Em 2012, 250 pessoas participaram de cursos presenciais da Fundação Estudar. Quatro anos depois, esse e outros programas já atingiram mais de 26 mil jovens em todo o país. A ideia é replicar a experiência da rede de bolsistas, ajudando os jovens a definir seus objetivos e a dar o salto para colocá-los em prática.

O próprio programa de liderança deu um salto quando um participante pediu para organizar uma edição em sua cidade. Tiago resolveu apostar. Nascia a versão compacta do curso, dada por participantes que recebem um treinamento extra para propagar a experiência vivida no programa. "O principal efeito", diz a bolsista Júlia Evangelista, "é você conhecer gente boa e deixar de pensar que está sozinho, que é loucura querer provocar impacto, ter ambição."

"Antes de entrar na Fundação Estudar eu sofria do que eu chamo de 'normose', que é você achar que tudo é normal, que é normal querer apenas ter um emprego, é normal querer trabalhar pouco, é normal só fazer o que todo mundo faz. Quando você conhece a filosofia da fundação, vê que isso não é normal, não, que isso é pensar pequeno", afirma Júlia.

Para alertar contra o "pensar pequeno", os programas presenciais da Estudar percorrem o país, para dar conferências de carreira e cursos sobre autoconhecimento e propósito, liderança, conexão em rede, além de promover iniciativas para aproximar os jovens do mercado de trabalho. Com sua mensagem de cultivar a excelência, a Fundação Estudar consegue cativar centenas de voluntários que a ajudam a disseminar conteúdos para outros jovens de todo o Brasil.

Em 2015, a Fundação Estudar mudou novamente de sede, dessa vez para o Brooklin, na zona sul de São Paulo. Mas levou consigo o espírito "comunitário" da Vila Madalena. Em um paredão coberto com tinta verde-lousa, está escrito o mantra: "Crescer, crescer, crescer". De vez em quando, algum funcionário reforça a escrita com uma nova camada de giz.

"Eu gostaria de injetar o DNA da Estudar nos jovens brasileiros", afirma Florian Bartunek, vice-presidente do conselho. "Penso o seguinte: 'Nós só passamos dos 15 minutos do primeiro tempo.'"

Epílogo

"Nós fizemos a Fundação Estudar porque acreditamos em gente."

A frase foi dita por Beto Sicupira na reunião anual de 2016, quando a organização comemorava seus 25 anos. Durante todo esse tempo, ela se manteve fiel a um objetivo que nem sempre foi explícito: construir uma cultura de excelência no Brasil.

A missão começou com o apoio para formação de executivos no exterior, mas aos poucos se ampliou, com a percepção de que o Brasil tem um grande volume de pessoas interessadas em realizar projetos de valor para si mesmas e para o país. Bem mais do que conceder bolsas de estudos, o objetivo da Fundação Estudar hoje é disseminar seus valores, criar redes de apoio para quem queira progredir na vida, estimular ações de impacto na sociedade.

Nem todos querem ou podem estudar no exterior. Mas qualquer pessoa pode adotar a crença na meritocracia, assumir responsabilidade pela sua história, arcar com suas obrigações antes de pensar em seus direitos, descobrir seu propósito e persegui-lo. Para a Fundação Estudar, é desse tipo de mentalidade que o Brasil precisa para crescer e criar mais oportunidades para seus habitantes.

"Acreditamos que gente bem formada, com uma vontade muito grande e com ética é capaz de fazer qualquer coisa", disse Beto na reunião. "Se isso é verdade, a transformação do Brasil em um país melhor, mais progressista, mais rico e mais justo só pode ser feita através dessas pessoas – pessoas capazes de entender sua missão e de escolher seus desafios para transformar o país."

Este livro foi construído com exemplos disso: pessoas identificadas com os valores da Fundação Estudar que batalharam para realizar seus sonhos. Para usar algumas das expressões comuns da rede, elas sonharam grande, deram um salto, construíram um delta admirável. E começaram a pensar no passo seguinte. Nenhuma das histórias contadas neste livro terminou – a excelência não é um ponto de chegada, é um processo.

Um dos mantras da Fundação Estudar é que se deve começar pelo fim: a meta dá sentido ao caminho. Se você acreditar nisso, a conclusão lógica para este epílogo é que ele deveria ser um início. Que ele ajude a inspirar você a construir um próximo exemplo de sucesso.

Sobre a Fundacão Estudar

Cronologia

1991 – Os empresários Jorge Paulo Lemann, Marcel Telles e Beto Sicupira criam a Fundação Estudar, uma organização sem fins lucrativos cujo objetivo era conceder bolsas a jovens de alto potencial. Os candidatos eram entrevistados individualmente por cada um dos fundadores. Ao final, eram contemplados com bolsas aqueles que obtinham aprovação unânime.

1993 – As bolsas, no início concedidas principalmente para programas de MBA nos Estados Unidos e cursos de graduação no Brasil e no exterior, vão aos poucos se expandindo para outras áreas, como administração, economia e direito.

1996 – A Fundação Estudar, até então localizada na sede do Banco Garantia, no Rio de Janeiro, é transferida para São Paulo. O Programa de Bolsas contava com cerca de 200 inscritos ao ano e os materiais dos candidatos eram recebidos em papel. O processo seletivo vai se tornando mais complexo e passa a ser realizado em uma série de etapas.

2002 – Áreas como gestão pública, políticas públicas e relações internacionais começam a receber o apoio das bolsas da Fundação Estudar, que abraça o objetivo de formar também líderes que queiram atuar no setor público.

2004 – Além do apoio financeiro, os bolsistas passam a ter um acompanhamento formal de seu desenvolvimento de carreira e ser expostos a novas oportunidades de *networking*.

2006/2007 – O número de bolsas ofertadas cresce de 15 para 25 por ano e o número de inscritos no processo seletivo salta de 400 para quase 4 mil. Entre a comunidade de bolsistas, muitos são estudantes das mais diversas áreas da engenharia.

2010/2011 – A Fundação Estudar passa por um reposicionamento estratégico e decide ampliar sua atuação. O Programa de Bolsas se abre para ainda mais cursos e a média de inscritos cresce para 8 mil ao ano. Paralelamente, novos programas começam a ser formulados para ampliar a disseminação de conteúdo e o impacto da organização. Sua governança passa por modificações e ex-bolsistas começam a fazer parte do conselho curador.

2012/2013 – Ambev, BTG Pactual e Falconi se tornam mantenedores da Fundação Estudar, por um período de quatro anos, e um comitê executivo é criado para dar agilidade às decisões e apoio à operação. Um programa de liderança é o primeiro a ser lançado. Também entram no ar os portais Estudar Fora e Na Prática.

2014/2015 – Surgem outros programas presenciais e os alunos passam a fazer parte de uma rede *alumni*. O Programa de Bolsas alcança a marca de 40 mil inscritos, o que estabelece o processo seletivo como um dos mais concorridos do Brasil.

2016 – A Fundação Estudar completa 25 anos. Juntam-se aos 617 ex-bolsistas que fazem parte da comunidade de líderes 25 mil jovens beneficiados pelos cursos presenciais e on-line da instituição, além de outros 15 milhões de pessoas alcançadas pelos seus canais na internet.

Valores

SONHO GRANDE

Perseguir algo maior do que si, estabelecendo metas claras e ousadas a longo prazo. Trabalhar com paixão por seu propósito e desafiar-se a chegar cada vez mais longe.

EXECUÇÃO

Botar a mão na massa, fazendo sempre o melhor possível e mantendo-se firme rumo aos seus objetivos. Não escolher tarefas nem se abater diante de fracassos.

GENTE BOA

Agir com integridade e transparência, estabelecendo relações de confiança e de longo prazo. Unir-se a pessoas melhores do que você e que compartilhem dos mesmos valores.

CONHECIMENTO APLICADO
Ter embasamento sólido para cada ação. Não perder tempo "reinventando a roda" nem buscando conhecimento pelo conhecimento. Usá-lo como ferramenta para a transformação.

PROTAGONISMO
Liderar pelo exemplo, propondo caminhos e assumindo a responsabilidade pelo seu destino sem culpar terceiros. Conquistar e cumprir seus objetivos pelo próprio esforço.

LEGADO
Contribuir sempre para uma transformação positiva que traga um impacto ao ambiente ao seu redor, mesmo sem receber contrapartida. Construir algo que será perene.

Para conhecer mais, acesse www.estudar.org.br.

Missão
Criar oportunidades para gente boa agir grande e transformar o Brasil.

Frentes de atuação
1. Formação de uma comunidade de líderes
2. Estímulo à experiência acadêmica no exterior
3. Apoio à tomada de decisão de carreira

Iniciativas
1. Líderes Estudar
Selecionamos os jovens mais promissores do país, apoiamos seu estudo nas melhores universidades do Brasil e do mundo, criamos oportunidades para seu desenvolvimento de carreira e os estimulamos a realizar transformações em rede, servindo de exemplo para milhões de brasileiros.

www.lideres.estudar.org.br

2. Estudar Fora
Orientamos jovens de alto potencial do ensino médio que desejam cursar a graduação no exterior e ampliamos esse impacto para milhões de pessoas por meio de um portal de conteúdo com reportagens, entrevistas, e-books e vídeos na internet, além da divulgação de oportunidades de bolsas de estudos.

www.estudarfora.org.br

3. Estudar Na Prática

Oferecemos cursos presenciais e conteúdo on-line sobre autoconhecimento, mercado de trabalho e liderança, além de conferências de carreira para jovens universitários e recém-formados, garantindo a eles também a chance de integrar uma rede *alumni*.

www.napratica.org.br

Cursos

AUTOCONHECIMENTO NA PRÁTICA

Voltado para aqueles que querem construir uma carreira com significado, o programa ajuda o jovem a descobrir como seu propósito pode nortear suas escolhas profissionais. O participante é estimulado a extrair conhecimento e significado de suas experiências anteriores para, assim, tomar decisões mais alinhadas com seus objetivos de vida e com o que gosta de fazer.

1.900 jovens impactados desde 2015.
Para se inscrever: www.napratica.org.br/autoconhecimento.

AUTOCONHECIMENTO NA PRÁTICA ON-LINE

Lançado em 2016, o programa é a primeira iniciativa de educação on-line da Fundação Estudar. Com turmas fechadas, interação com mentores, aulas no formato de *microlearning* e atividades práticas, o jovem tem a oportunidade de aprender a aprender, refletir sobre suas experiências e memórias, definir objetivos e criar novos hábitos que alavanquem sua carreira.

3.800 jovens impactados em 2016.
Para se inscrever, acesse www.napratica.org.br/autoconhecimento-online.

LIDERANÇA NA PRÁTICA 32 HORAS

A Estudar acredita que competências de liderança são úteis não apenas para profissionais em cargos de gestão, mas também para todas as pessoas determinadas a fazer um bom trabalho e causar algum impacto. Baseado nos valores da instituição, o programa foi criado para ajudar o jovem a desenvolver uma atitude protagonista e aumentar sua capacidade de realização.

4.800 jovens impactados desde 2012.
Para se inscrever, acesse www.napratica.org.br/lideranca-32horas.

LIDERANÇA NA PRÁTICA 16 HORAS

A versão "de bolso" do Liderança Na Prática é facilitada pelos próprios participantes através de um programa de voluntariado. Aqueles que aceitam o desafio e são selecionados recebem treinamento e acompanhamento da equipe da Estudar. Graças a esses "multiplicadores", o programa já chegou a mais de 100 cidades, de todos os estados brasileiros e de outros países.

8.800 jovens impactados desde 2013.
Para se inscrever, acesse www.napratica.org.br/lideranca-16horas.

CARREIRA NA PRÁTICA

O objetivo do programa é ajudar o jovem a conhecer melhor como funcionam as diferentes trilhas de carreira na prática para tomar decisões mais embasadas. O participante tem acesso a bate-papos com profissionais, visitas a empresas e atividade "mão na massa". As edições são temáticas e abarcam setores como consultoria, empreendedorismo e gestão pública.

3.800 jovens impactados desde 2014.
Para se inscrever, acesse www.napratica.org.br/carreiras.

CONFERÊNCIA NA PRÁTICA

O evento foi criado para conectar o jovem com as maiores organizações do país em determinado setor. Além de participar de bate-papos com recrutadores e outros profissionais do mercado, ele tem acesso a sessões de *coaching* e recebe recomendações de empresas de acordo com seu perfil. Aqueles que se destacam têm a oportunidade de realizar um *pitch* para os RHs.

3.300 jovens impactados desde 2014.
Para se inscrever, acesse www.napratica.org.br/conferencia.

Bibliografia

"Aqui, a gente dá o osso maior do que o cara pode roer. E vê se ele consegue." Entrevista de Marcel Telles a Roberto Setubal in *Época NEGÓCIOS*, março de 2015. Disponível em <epocanegocios.globo.com/Informacao/Acao/noticia/2015/06/aqui-gente-da-o-osso-maior-do-que-o-cara-pode-roer-e-ve-se-ele-consegue.html>.

Campos, Elisa. "Muitas dúvidas, uma certeza – Rodrigo Teles: Gestão compartilhada na Estudar e a missão de ampliar seu alcance", in *Época NEGÓCIOS*, 17 de abril de 2014.

Carvalho, Pedro. "O que falta ao país é planejamento", entrevista com Vicente Falconi, in *Época NEGÓCIOS*, janeiro de 2016.

Carvalho, Rafael. "Ricardo Tadeu conta como chegou a um dos mais altos cargos na cervejaria AB InBev", in Portal Na Prática, 31 de agosto de 2015. Disponível em <https://www.napratica.org.br/ricardo-tadeu-abinbev/>.

Cohen, David; Vieira, André; Viturino, Robson. "Quanto você vale: quanto ganham, como ganham – e por que ganham o que ganham os executivos brasileiros", in *Época NEGÓCIOS*, 2 de abril de 2013.

Collins, Jim. *Good to Great: Why Some Companies Make the Leap... and Others Don't*. Nova York: HarperCollins Publishers, 2001.

Correa, Cristiane. *Sonho grande: Como Jorge Paulo Lemann, Marcel Telles e Beto Sicupira revolucionaram o capitalismo brasileiro e conquistaram o mundo.* Rio de Janeiro: Primeira Pessoa, 2013.

__________. Grandes Líderes – Marcel Telles, entrevista com Marcel Telles, in *Exame TV*, 24 de julho de 2009. Disponível em <https://www.youtube.com/watch?v=MvxxYuNwUzA>.

Dieguez, Consuelo. "De elefante a formiga", in *Revista Piauí*, novembro de 2006.

Duckworth, Angela L.; Peterson, Christopher, "Grit: Perseverance and

Passion for Long-Term Goals". Disponível em <https://www.sas.upenn.edu/~duckwort/images/Grit%20JPSP.pdf>.

Dweck, Carol. *Mindset – A atitude mental para o sucesso*. Portugal: Vogais Portugal, 2014.

"Brahma empresa do ano", *Exame*, 1991.

Felitti, Guilherme. Entrevista com Michael Moritz, in *Época NEGÓCIOS*, dezembro de 2013. Disponível em <http://epocanegocios.globo.com/Informacao/Visao/noticia/2014/05/boa-nota-e-commodity-o-que-conta-e-jogo-de-cintura.html>.

________. "O maior sonho de Lemann", in *Época NEGÓCIOS*, agosto de 2014. Disponível em <http://epocanegocios.globo.com/Informacao/Acao/noticia/2015/01/como-jorge-paulo-lemann-o-homem-mais-rico-do-brasil-pretende-mudar-educacao-no-pais.html>.

Fortune, setembro 2015, 40 under 40 edition http://fortune.com/40-under-40/hugo-barra-14/

Grant, Adam. *Originais*. Rio de Janeiro: Sextante, 2017.

Harvard Business Review Staff, "The Best-Performing CEOs in the World", in *Harvard Business Review*, novembro de 2015. Disponível em <https://hbr.org/2015/11/the-best-performing-ceos-in-the-world>.

Hessel, Camila; Teixeira, Alexandre; Oliveira, Darcio (colaboração). "O legado de Lehmann", in *Época NEGÓCIOS*, abril de 2008. Disponível em <http://epocanegocios.globo.com/Revista/Common/0,,EMI22844-16380,00-O+LEGADO+DE+LEMANN.html>.

Ip, Greg; Sender, Henny. "Today's Buyouts, Payday for Firms Is Never Far Away", in *The Wall Street Journal*, 25 de julho de 2006. Disponível em <http://www.wsj.com/articles/SB115379347758516154>.

Jobs, Steve.Videoaula inaugural na Universidade Stanford, 2005.

Karlgaard, Rich; Malone, Michael S. *Team Genius: The New Science of High-Perfoming Organizations*. Nova York: HarperBusiness, 2015.

Kahneman, Daniel; Knetsch, Jack L.; Thaler, Richard H. "Anomalies: The Endowment Effect, Loss Aversion, and Status Quo Bias", in *The Journal of Economic Perspectives*, 5(1), p. 193-206, Winter, 1991. Disponível em <https://www.princeton.edu/~kahneman/docs/Publications/Anomalies_DK_JLK_RHT_1991.pdf>.

Kim, Eugene. "Android Was Probably the Best Decision Google Ever Made,

Says its Former Leader", in *Business Insider*, 16 de julho de 2015. Disponível em <http://www.businessinsider.com/hugo-barra-on-android-2015-7>.

Knetsch, Jack L. "The Endowment Effect and Evidence of Nonreversible Indifference Curves", in *The American Economic Review*, vol. 79, n. 5, dezembro de 1989, p. 1277-1284. Disponível em <http://econweb.ucsd.edu/~jandreon/Econ264/papers/Knetsch%20AER%201989.pdf>.

Leonard, Devin. "Burger King Is Run by Children", in *Bloomberg Businessweek*, 24 de julho de 2014. Disponível em <http://www.bloomberg.com/news/articles/2014-07-24/burger-king-is-run-by-children>.

Mano, Cristiane; Scherer, Aline. "No topo do mundo", in *Exame*, 28 de outubro de 2015.

________. "Um plano de Jorge Paulo Lemann para conquistar o mundo", in *Exame*, v. 4, n. 1.036, p. 36-45, 6 de março de 2013. Disponível em <http://exame.abril.com.br/revista-exame/edicoes/1036/noticias/um-plano-para-conquistar-o-mundo>.

Manzoni Jr., Ralphe. "Bernardo Hees, o superexecutivo de Lemann", in *IstoÉ Dinheiro*, 30 de março de 2015. Disponível em <https://www.linkedin.com/pulse/bernardo-hees-o-superexecutivo-de-lemann-ralphe-manzoni-jr-?redirectFromSplash=true>.

Martins, Ivan; Aranha, Ana. "O triunfo do talento", in *Época*, 20 de dezembro de 2008.

Monteiro, Jessica. "Participantes do LabX desenvolvem projeto de prótese para deficientes", in Portal Na Prática. Disponível em <https://www.napratica.org.br/participantes-do-labx-desenvolvem-projeto-de-protese-para-deficientes>.

"Morador de favela transforma montanha de lixo em 'oásis'", in *O Tempo*, 11 de junho de 2015. Disponível em <http://www.otempo.com.br/interessa/morador-de-favela-transforma-montanha-de-lixo-em-oásis-1.1053171>.

Morton, Brian. "Falser Words Were Never Spoken", in *The New York Times*, 29 de agosto de 2011. Disponível em <http://www.nytimes.com/2011/08/30/opinion/falser-words-were-never-spoken.html?_r=0>.

Nocera, Joe. "Burger King, the Cash Cow", in *The New York Times*, 22 de junho de 2012. Disponível em <http://www.nytimes.com/2012/06/23/opinion/nocera-burger-king-the-cash-cow.html?_r=0>.

Pennafort, Roberta. "Parque ecológico no alto do Morro do Vidigal é premiado nos EUA", in *Estadão Rio*, 8 de abril de 2015. Disponível em <http://

brasil.estadao.com.br/blogs/estadao-rio/parque-ecologico-no-alto-do--morro-do-vidigal-e-premiado-nos-eua/>.

Pfeffer, Jeffrey. *Leadership BS: Fixing Workplaces and Careers One Truth at a Time*. Nova York: HarperCollins, 2015.

Pompeu, Sérgio. "É preciso viver fora, conhecer culturas", in *Estadão Educação*, 25 de agosto de 2009. Disponível em <http://educacao.estadao.com.br/noticias/geral,entrevista-e-preciso-viver-fora-conhecer-culturas,423960>.

Ridley, Matt. *As origens da virtude: um estudo biológico da solidariedade*. Rio de Janeiro: Record, 2000.

Rigney, Daniel. *The Matthew Effect: How Advantage Begets Further Advantage*. Nova York: Columbia University Press, 2010.

Salgado, Raquel. "A dieta do Burger King", in *Época NEGÓCIOS*, junho de 2011.

Stanford Encyclopedia of Philosophy, Schopenhauer. Disponível em <http://plato.stanford.edu/entries/schopenhauer/#4>.

Tanz, Jason. "Xiaomi's Smart Strategy to Design Phones for Everyone", in *Wired*, 21 de abril de 2015.

Teixeira, Alexandre. "Hugo Barra, o brasileiro mais poderoso da tecnologia", *GQ*, maio de 2015.

Thiel, Peter. *De zero a um: O que aprender sobre empreendedorismo com o Vale do Silício*. Rio de Janeiro: Objetiva, 2014.

Vassallo, Cláudia. "A vida depois do Garantia", in *Exame*, 7 de outubro de 1998.

Viturino, Robson. "O vírus do Garantia", in *Época NEGÓCIOS*, 6 de fevereiro de 2013.

Weintraub, Steve, in Collider, "Woody Allen Interview – *Vicky Cristina Barcelona*", 15 de Agosto de 2008. Disponível em <http://collider.com/woody-allen-interview-vicky-cristina-barcelona/>.

Wood, James (org.), *Dictionary of Quotations*, 1899.

FILMES

Romance de formação. Julia de Simone, 2012.